Unser Autor

Die Gedanken unseres Autors haben ihren Ursprung in 40 Jahren Erfahrung als Interpret von sinfonischen Werken, Kammermusik und mehr als 120 Opern.

Mathias Husmann, geboren 1948 in Hamburg, begann seine Laufbahn als Assistent von Horst Stein an der Hamburgischen Staatsoper und ist Dirigent, Pianist und Komponist gleichermaßen. Sein Repertoire macht ihn zu einer außergewöhnlichen Quelle für neugieriges Publikum – mit Respekt, Charme, Witz und dem Scharfblick eines geschichtskundigen Interpreten.

Sein origineller Umgang mit Sprache prägt auch die Dichtungen seiner eigenen Musiktheater-Werke, in denen es um Künstler in Krisen geht: Vivaldi, Sibelius, Gorch Fock, Verdi, Offenbach.

Die vorliegenden Einführungstexte sind auf Anregung von und für concerti verfasst und eine Fortsetzung der im Frühjahr 2017 erstmals erschienenen „Präludien fürs Publikum".

Die Flüchtigkeit einer Bewegung fing **Fritz Husmann** mit wenigen Strichen ein und zeigte die Interpretation einer ganzen Partie. Als Foto und Film noch nicht fester Bestandteil der Tagespresse waren, schuf Fritz Husmann (1896-1982) mehr als 700 künstlerische Pressezeichnungen aus Oper, Schauspiel und Tanztheater.

Überregional bekannt wurde er 1946 durch seinen Zyklus *Aus Tagen der Not* mit erschütternden Darstellungen aus den Jahren von Flucht und Zerstörung, von Bedrängten und Betenden, Verzweifelnden und einander Tröstenden.

Werke von Fritz Husmann befinden sich im Besitz der Kunsthallen Hamburg und Bremen, der Theatersammlung Hamburg und den Archiven der Verlage Die Zeit, Die Welt und Hamburger Abendblatt.

MATHIAS HUSMANN

Präludien fürs Publikum II

99 weitere Konzert- und Operneinführungen in aller Kürze

concerti

Husmann, Mathias:
Präludien fürs Publikum – Band II
99 weitere Konzert- und Opperneinführungen in aller Kürze
concerti edition

Zeichnungen: Fritz Husmann. Aus dem Bestand der Staats- und Universitätsbibliothek Hamburg sowie aus dem Künstlernachlass.
Satz: Heidemarie Meyer, Hamburg
Druck und Bindung: Druckerei Stelzig, Magdeburg
Printed in Germany
1. Auflage, 2018
ISBN: 978-3-9818481-1-3

Erschienen in der Reihe concerti edition

VORWORT

Als nach sechs Monaten die erste Auflage der *Präludien fürs Publikum* vergriffen war, wussten wir, dass die Buchidee für *Konzert- und Operneinführungen in aller Kürze* zu den besseren Einfällen unserer Redaktion gehörte. Sehr gefreut haben wir uns über die zahlreichen Vorschläge für weitere Texte: Unser wöchentliches redaktionelles Format *Das Werk der Woche* ist seither eine beliebte Rubrik auf unserem Portal concerti.de.

Gerne haben wir unseren Autor Mathias Husmann um eine Fortsetzung seiner prägnanten Einführungen gebeten. Der vorliegende zweite Band als Zugabe ist jedoch mehr, er öffnet neue Türen: Es finden sich weniger Blockbuster der Klassik auf den Seiten, vielmehr rücken einige verborgene Schätze ins Scheinwerferlicht.

Wir begegnen Engelbert Humperdinck und lernen Arthur Honegger näher kennen, wir folgen den zwölf Londoner Sinfonien von Joseph Haydn auf dem Weg zur großen Sinfonik, erreichen über Felix Mendelssohn Bartholdy und Antonín Dvořák Gustav Mahler und werden neugierig auf Komponisten wie Berthold Goldschmidt.

Mit Respekt vor den Werken und ihren Schöpfern führt Mathias Husmann durch die Musiklandschaft. Eingerahmt werden seine Texte durch Zeichnungen seines Vaters Fritz Husmann (1896-1982), die zu einem Großteil der Hamburger Theatersammlung/Staatsbibliothek entnommen sind. Durch wenige Striche erkennen wir die Linien einer Partie oder erleben einen beschwingten Tanz. Die emotionale Verdichtung ist beeindruckend.

Wir wünschen Ihnen viel Vergnügen!

Gregor Burgenmeister
Herausgeber & Chefredakteur von concerti

INHALT

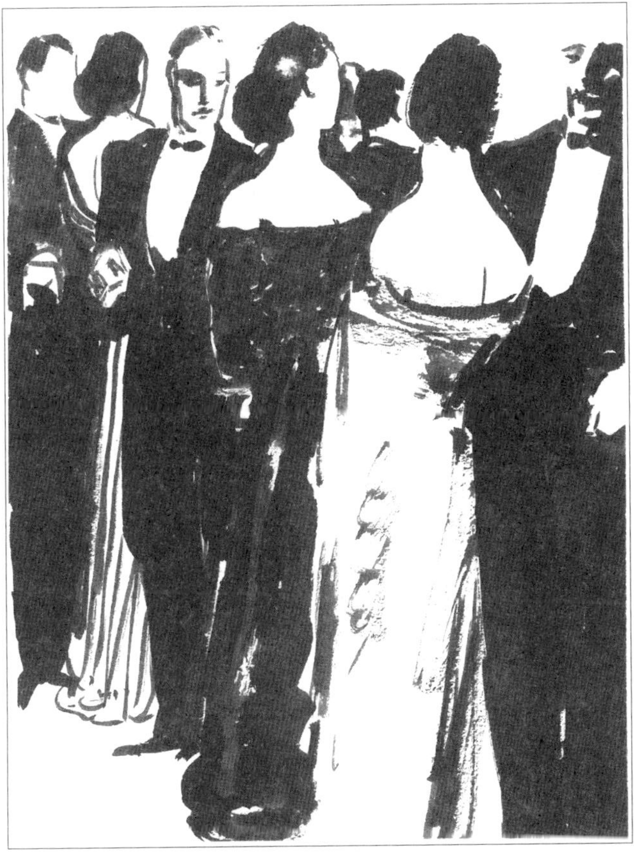

ABBILDUNGSVERZEICHNIS

Die Illustrationen entstammen dem graphischen Werk von Fritz Husmann (1896-1982). Die ausgesuchten Pressezeichnungen begleiteten die Inszenierungen der Hamburgischen Staatsoper von 1928-58 und gehören überwiegend der Staatsbibliothek Hamburg. Der 1943-46 entstandene zweiteilige Zyklus *Aus Tagen der Not* gehört wesentlich der Kunsthalle Hamburg.

Seiten 110/178: *Falstaff* (1943) mit Mariano Stabile als Falstaff (italienisches Gesamtgastspiel).

Seite 141: *Tristan und Isolde* (1948/49), Dirigent Eugen Jochum/ Tristan Joachim Sattler/Isolde Erna Schlüter (1949 im Schauspielhaus).

Seite 163/172: *Macbetto* – damals auf deutsch als *Macbeth* (1941/42), Regie: Alfred Noller, Bühne: Caspar Neher, Dirigent: Hans Schmidt-Isserstedt, mit Hans Hotter als Macbeth und Erna Schlüter/Gusta Hammer als Lady.

Seite 196: die Tänzerin Dore Hoyer (Ballettmeisterin 1951/52).

Seite 224: *Elektra* „ich habe ihm das Beil nicht geben können!"

Seite 231: *Mathis der Maler* (1951/52), Regie: Günther Rennert, Dirigent: Leopold Ludwig, mit Mathieu Ahlersmeier als Mathis.

aus dem Zyklus *Aus Tagen der Not* (1943-46):

Seite 57: *Die Kreatur*

Seite 128: *Kopf des klagenden Jeremias*

Johann Sebastian Bach

JOHANNES-PASSION

Seine *Passio secundum Johannem* schrieb Bach noch in Köthen schon für Leipzig – mit der ernsten Eröffnungsmusik *Herr, unser Herrscher* zog der neue Thomaskantor ein. Die realistische Dramatik gefiel nicht allen Zeitgenossen. Im 19. Jahrhundert gab Robert Schumann ihr gerade deshalb den Vorzug vor der Matthäus-Passion. Auf uns heute wirken die durch unvermitteltes Chorgeschrei (Turba-Chöre) unterbrochenen Evangelistenberichte wie Nachrichten, die durch Filmeinblendungen illustriert werden.

In der Johannes-Passion hat Jesus (Bass) noch keinen Heiligenschein, er ist Mensch, argumentiert und lehrt. Der Evangelist Johannes (Tenor) agiert lebhaft, als sähe er noch alles vor sich. Wenn der Sänger auch noch die Arien übernimmt, leistet er Schwerarbeit! Sopran und Alt stehen wie Maria und Maria Magdalena etwas abseits, aber nah dem Kreuz.

Die Kette der (meist kammermusikalischen) Arien ist herrlich! Einige von deren Perlen:

Ich folge dir gleichfalls mit freudigen Schritten (Sopran) gewährt uns einen winzigen Einblick in die Komponistenwerkstatt Bachs: *Schritten* war zunächst mit einer Verzierung gesetzt, dann erkannte Bach, dass er so nicht Schritte ausdrücken konnte, und gab die Fioritur in die *freudig folgende* Flöte.

Ach mein Sinn (Tenor) wirkt, als legte der heftig ergriffene Evangelist die Schrift beiseite, um sich auszuweinen. Damit endet der kurze erste Teil.

Erwäge, erwäge (Tenor) spiegelt einen komplizierten Gedanken in einem komplizierten Satzbild. *Eilt, eilt* (Bass) ist eine packende Szene, in der Bach dem Chor mit *Wohin, wohin?* rhythmisch Beine macht – man fühlt ihn ungeduldig aufstampfen!

Zu Bachs Zeit befanden sich – nach damaliger Sitte – nur männliche Ausführende auf der Empore. Heute bestehen die Kirchenchöre überwiegend aus Frauen. Die *Kreuzige, kreuzige* geifernde Volksmenge, die hochmütigen Hohepriester, die um den Rock Jesu würfelnden Soldaten – wissen die begeisterten Sängerinnen, welch fürchterlicher patriarchalischer Gesellschaft sie da ihre Stimmen leihen? Sie lieben Bach – gut so! Auch die Solisten waren Zöglinge der Thomasschule – gern hätte Bach die ergreifende Arie *Zerfließe, mein Herze* seine Frau Anna Magdalena singen lassen. Wusste der junge Knabensopranist, was er sang? Konnte er diese Musik überhaupt seelisch erfassen? Oder der Altist, dem man das erschütternde *Es ist vollbracht* abverlangte? Heute wäre dies ein Fall von Missbrauch abhängiger Minderjähriger.

Die beiden letzten Chöre versöhnen jeden Zweifler: *Ruht wohl* verabschiedet uns mit einer wunderbar ausschwingenden Melodie, der Choral *Ach, Herr* bleibt in Erinnerung wie ein farbiges Rosettenfenster im Abendsonnenschein.

UA Leipzig, Nicolaikirche 1723

Johann Sebastian Bach

MATTHÄUS-PASSION

Seine Johannes-Passion hatte Bach für Leipzig geschrieben, seine *Passio secundum Matthaeum* entstand in Leipzig. Jetzt kannte er die Thomaskirche und ihre akustischen Gegebenheiten: Zwei seitliche Emporen ermöglichten fantastische Raumwirkungen. Dementsprechend ist die Partitur der Eingangsmusik riesig: Vierundzwanzig Zeilen – jede Zeile mit einem fünfzähnigen Notenkamm gezogen (oder jede Linie mit zitternder Hand) – vermitteln das Bild eines ungeheuren Kraftaktes. Schon nach dem instrumentalen Vorspiel zum Chor *Kommt ihr Töchter, helft mir klagen* ist der Dirigent nass geschwitzt und der Zuhörer erschöpft. Die Musik ächzt wie unter der Kreuzeslast; die Schweißperlen dürften auch dem Komponisten auf der Stirn gestanden haben angesichts dieser Vision des sein Kreuz schleppenden Christus, den die Menge gaffend und heulend nach Golgatha begleitet. Welch ein Anfang! Alle – von Mendelssohn (der die Matthäus-Passion nach 90-jährigem Schlummer wiedererweckte) über Wagner (in dessen Parsifal die Bach'sche Passion hineintönt) bis Reger (der Bachs harmonischen Schmerzensweg weiterging) – knien vor dieser ersten Seite!

Zwei Orchester, zwei Chöre und ein Sonderchor für Choralzeilen, die den Engeln zugedacht sind, dreizehn Solist/inn/en mit großen und kleinen Partien – eine Oper in der Kirche! Opernhaft werden die Christusworte von Streicherakkorden vergoldet, opernhaft gebärden sich die lautmalerischen Affekte in den Arien und Ensembles.

Einige Höhepunkte in diesem an Höhe- und Tiefpunkten überreichen Werk:

- Die Jünger fragen Jesus, wer ihn wohl verraten werde *Herr, bin ich's? – Ich bin's* antwortet der erste Choral – und wir blicken erkannt auf!
- Rezitativ und Arie (Tenor) mit Chor *Ich will bei meinem Jesu wachen* – die Tenorphrase schließt nie – sie wacht, die Chorphrase (die Jünger) schließt – sie schlafen ein …
- Das Duett (Sopran/Alt) *So ist mein Jesus nun gefangen*, das in einen Blitz und Donner aufrufenden Doppelchor – mit dramatischer Generalpause – mündet.
- Die Tränenarie (Alt) *Erbarme dich*, als Petrus über seine Verleugnung Jesu bitterlich weint – ein ergreifendes Duett zwischen Stimme und innigem Violinsolo.
- Die Judas-Arie (Bass), als dieser seinen Verrat bereut, ebenfalls mit händeringendem Violinsolo, nur von der anderen Seite der Empore – wir erkennen die Verratsbruderschaft von Petrus und Judas.
- Die Heilands-Arie (Sopran) *Aus Liebe will mein Heiland sterben* – eine zarte Kammermusik mit mystischem Flötensolo: Tiefpunkt und Herzstück der Passion.
- Rezitativ (Bass) *Am Abend, da es kühle war* und Arie *mache dich, mein Herze, rein* – einfühlsam deklamiert und mit einer wunderbaren, gelösten Melodie.
- Der Choral *O Haupt voll Blut und Wunden* durchzieht die ganze Matthäus-Passion; Text, Tonart und Harmonik werden der Situation angepasst – nach der Kreuzigung erklingt die endgültige Version: tief und abgründig, mit offenem Schluss.
- Der Schlusschor *Wir setzen uns mit Tränen nieder*, mal beide Chöre gemeinsam, mal abwechselnd – man schließt unwillkürlich die Augen und wiegt sich wie ein Kind *Ruhe sanft, sanfte ruh!*

UA Leipzig, Thomaskirche 1729

Johann Sebastian Bach

WEIHNACHTSORATORIUM

Die prachtvolle Orchestereinleitung kündigt die himmlischen Heerscharen an!

Der Zuhörer wundert sich: Warum beginnt der Chor *Jauchzet, frohlocket!* in so tiefer Stimmlage? Die Eröffnungskantate war ursprünglich eine (weltliche) Huldigungskantate, die lautmalerisch mit *Tönet ihr Pauken, erschallet Trompeten!* begann. Sollten wir heute nicht den Mut haben, das Weihnachtsoratorium wieder so original zu beginnen, und dann erst – ab der hohen Stimmlage – die späteren Worte *Jauchzet, frohlocket!* zu singen? Zumal Pauken und Trompeten als symbolische Instrumente von Macht und Herrlichkeit der Weihnachtsbotschaft sehr angemessen sind!

Bachs Arbeitspensum – neben Aufführungs-, Unterrichts-, Amts-, Vater- und Ehepflichten – war gewaltig; niemand könnte in dieser Zeitspanne Bachs Werk abschreiben. Wen wundert es, dass er besonders gelungene Musiken, wenn sie – wie die Huldigungskantaten – nur einmal (und meist unbeachtet) aufgeführt worden waren, für große und dauerhafte Werke mit unterlegten neuen (parodierten) Texten wiederverwendete? Fast das gesamte Weihnachtsoratorium ist aus solchen Gelegenheitswerken zusammengestellt – bedeutendste Ausnahme: die langsame, leise Weihnachts-Sinfonia (eine Siciliana in italienischer Tradition) für die Krippenszene im Stall von Bethlehem.

Die Weihnachtsgeschichte wird in sechs Kantaten erzählt: Geburt Jesu – Verkündigung des Engels – Anbetung der Hirten – Namensgebung – Ankunft der Weisen – Anbetung der Weisen.

Die Erzählung sprudelt wie eine Brunnenkaskade über vier Ebenen:

- Chöre mit vollem Orchester,
- Rezitative des Evangelisten,
- Betrachtungen und Arien (auch Ensembles),
- Choräle (schlicht oder mit instrumentalen Vor-, Zwischen- und Nachspielen).

Die Praxis kennt folgende Aufführungsvarianten:

- an sechs Sonntagen der Weihnachtszeit im Gottesdienst,
- an einem/zwei Abend(en) in der Weihnachtszeit (Teil 1-3 und/ oder 4-6),
- an einem langen Abend – ganz (mit oder ohne Kürzungen, auf jeden Fall mit Sitzkissen!).

Wenn die Kirche heizbar ist, wenn es Toiletten gibt, und wenn die Akustik nicht „schwimmt", ist das ungekürzte Weihnachtsoratorium mit seinem Wechsel von schwungvollen Chören, lebhaften Rezitativen, liebevollen Betrachtungen, deklamierten Arien (oft mit obligaten Instrumenten) und innigen Chorälen ausgesprochen kurzweilig – zumal, wenn das Publikum bei den Chorälen mit einstimmt!

Eines sollte das weihnachtlich hochgestimmte Publikum bei diesem beliebtesten aller Oratorien wissen: die Honorare der Musiker/innen und vor allem der Solist/inn/en sind auch in unseren Tagen alles andere als weihnachtlich! Und – Hand aufs Herz! – selbst eine doppelt bezahlte Eintrittskarte ist nichts gegen den dafür eingetauschten unermesslichen Reichtum an freudigen Klängen!

Entstehungszeit ca. 1734 (Leipzig)

Johann Sebastian Bach

H-MOLL-MESSE

1733 starb Kurfürst August der Starke. Nachfolger in Dresden wurde sein Sohn August II. Dieser wollte in den österreichischen Adel einheiraten und war deshalb 1712 katholisch geworden. Um dem neuen Landesherrn angemessen zu huldigen, ohne das stolze sächsische Protestantentum zu verleugnen, beauftragte der Rat der Stadt Leipzig den *Director musices* Bach, ein sozusagen ökumenisches geistliches Werk zu schaffen: eine *lutherische Missa*, bestehend aus dem *Kyrie* und dem *Gloria* der *katholischen Messe*. Da die Aufführung aber im Rahmen eines evangelischen Gottesdienstes stattfand, war August II. natürlich nicht anwesend. Er verpasste so eine düster-ernste Trauermusik zum Tode seines Vaters – das *Kyrie*, und eine strahlende Triumphmusik zu seiner eigenen Thronbesteigung – das *Gloria*. Inwieweit Bach mit diesem Projekt die Absicht verfolgte, beide christlichen Konfessionen zu versöhnen, mag dahingestellt bleiben; fest steht, dass er sich bewegen ließ, das Werk durch *Credo, Sanctus, Osanna, Benedictus, Agnus Dei* und *Dona nobis pacem* zu einer katholischen Messe zu vervollständigen. Da er jeden Satz des Messetextes für sich vertonte, entstand eine fast zweieinhalbstündige Folge von siebzehn vier- bis achtstimmigen Chorsätzen, sechs Arien und drei Duetten. 1749 beendete der bereits erblindende Bach die Partitur. Zu seinen Lebzeiten wurde sie nie aufgeführt – der Leipziger Rat hätte das von seinem Thomaskantor auch kaum geduldet. Heute gehört die Partitur zum Weltdokumentenerbe.

Die Tonarten h-Moll – für die strengen Teile – und D-Dur – mit Pauken und Trompeten für die festlichen Teile – bilden die Doppelachse des Werkes, um die sich die Arien und Duette gruppieren.

Das Fugenthema des ersten *Kyrie* ist eine große Persönlichkeit – mit marschartigem Kopfmotiv, sich steigernder Leidenssequenz und resignierender (neapolitanischer) Kadenz. Bachs Trompeten- und Paukenpartien im *Gloria* entfachen ein leuchtendes Feuerwerk! Der Takt- und Tempowechsel bei *Et in terra pax* – mit sehr menschlichen Synkopen – berührt tief. Die drei herrlichsten Instrumentalsoli: das anmutig beschwingte Violinsolo zur Arie *Laudamus te*, das taubenartig gurrende Flötensolo (über gedämpften Streichern) zum Duett *Dominus Deus*, das kühne, virtuose Jagdhornsolo zur Arie *Tu solus sanctus* – nur begleitet von Fagotten und Continuo (das übrige Orchester drückt die Daumen!).

Im Duett *Et in unum Dominum* singen beide Stimmen – dem Sinn entsprechend – fast gleichzeitig. Die e-Moll Passacaglia *Crucifixus* bildet den abgründigen Mittelpunkt der Messe: dreizehnmal erschüttert uns der absteigende, pochende Bassgang; erst mit *et sepultus est* löst sich die Spannung in sanftem G-Dur auf. Das unmittelbar folgende, strahlende *Et resurrexit* hat ein sehr langes Nachspiel – der Weg zum Himmel ist weit ... Der Chor *Confiteor unam baptisma* wird nur vom Continuo „pflichtschuldigst" begleitet – Bachs „protestantisches" Orchester schweigt demonstrativ zum dogmatischen Alleinherrschaftsanspruch der katholischen Kirche (von dem später – auf seine Weise – sich auch Beethoven distanzierte). Die letzte Arie *Agnus Dei* fällt tonartlich und ausdrucksmäßig aus dem Rahmen: im grandiosen, aber kalten Gebäude der Messe stimmt sie einen herzwarmen und persönlichen Ton an.

Vor seinem Höchsten dürfte Bach mit der lutherisch-katholisch-ökumenischen *Hohen Messe in h-Moll* Gnade gefunden haben – wenn diese nach den beiden wunderbaren Passionen noch fraglich gewesen sein sollte ...

UA der vollständigen Messe Frankfurt am Main 1856

Ludwig van Beethoven

ERSTES KLAVIERKONZERT

Abenteuerlich muss die erste Probe in Beethovens Zimmer verlaufen sein – sicher eine „Pultprobe" mit Streichquintett (ohne Tutti), Holzbläsern und Hörnern (ohne Pauken und Trompeten): für die Bläser war Beethovens Klavier zu tief gestimmt, woraufhin er den Solopart einen halben Ton höher (in Cis-Dur) spielte. Die Legende macht daraus, dass die Uraufführung unter diesen Umständen stattfand – dies ist aber undenkbar, weil der größte Effekt des Konzertes – das Oktavenglissando der rechten Hand hinein in die *fortissimo*-Reprise des ersten Satzes – nur in C-Dur ausführbar ist, und diesen Effekt wird sich Beethoven als Solist nicht haben nehmen lassen!

Das C-Dur-Konzert ist eigentlich das zweite, und irgendwann wird man es auch so ansprechen. Nach der Uraufführung arbeitete Beethoven noch fünf Jahre daran, ehe er es in Druck gab. Er entwarf drei Kadenzen: die erste ist Fragment, die zweite klassisch, die dritte ausufernd und fantastisch – so dürften seine Improvisationen gewesen sein.

Das *Allegro con brio* hat Marschcharakter – man vergesse nicht: In Frankreich tobte die Revolution!

Das *Largo* wird im Orchester vom warmen Klarinettenklang geprägt; Flöte, Oboen, Trompeten und Pauken pausieren. Seit Mozarts *Tamino*-Arie ist dieser Klang derjenige, der *das Herz mit neuer Regung füllt.* Der Herzenston spricht auch aus dem ausschwingenden, tiefsinnigen Klavierpart.

Für das scharfe, witzige Hauptthema des Rondo *Allegro* verwandeln sich die Hände des Pianisten in Krallen. Beim Seitenthema fliegt der rechte Arm zwischen Bass und Diskant hin und her. Beim *minore*-Mittelteil (a-Moll) springt die linke Hand wie zwei Füße, und ein wilder ungarischer Tanz bricht los – Reverenz an die Widmungsträgerin: Beethovens Schülerin mit dem schönen Namen *Babette Gräfin Keglevich de Buzin* (Bosnien).

Kurz vor Schluss wird es plötzlich musikalisch sehr aufregend! Eine abbrechende *piano*-Tonleiter im Klavier fragt: Wie geht es weiter? Kurze Themenfetzen im Orchester zucken ratlos mit den Achseln. Die Tür zur *ersten Sinfonie* hat sich unbemerkt geöffnet. Ein Wirbelwind fegt alles durcheinander. Der Dirigent gibt pausenlos Einsätze in alle Richtungen ... dann ist der Spuk vorbei. Beethoven am Klavier lehnt sich zurück und lächelt: Er weiß schon, wie es weitergehen wird ... die Oboen lauschen in die Zukunft ... das letzte, kurze Tutti weckt auch das Publikum aus seinen Träumen!

UA Wien 1795

Ludwig van Beethoven

ZWEITES KLAVIERKONZERT

Seine fünf Klavierkonzerte schrieb Beethoven für sich selbst, nur beim fünften überließ er wegen fortschreitender Ertaubung den Solopart seinem Schüler Erzherzog Rudolph. Das B-Dur-Konzert ist der Entstehung nach das erste; irgendwann wird man es auch als erstes Klavierkonzert ansprechen. Es verzichtet auf die damals noch nicht überall verfügbaren Klarinetten und auf die „lärmenden“ Pauken und Trompeten, ansonsten macht es sehr auf sich aufmerksam.

Das Hauptthema des ersten Satzes *Allegro con brio* hat zwei Gesichter: ein rhythmisches und ein melodisches. Das Seitenthema fehlt im einleitenden Tutti, aber eine nach Des-Dur gerückte Variante des Hauptthemas springt ein. Das Klavier übt sich zunächst in Konversation, dann ergreift es das Hauptthema, um damit in freiem Stil zu modulieren. Das Seitenthema – im ausdrucksvollen *piano Tutti* des Orchesters begründet den Typus des idealistischen Hymnus, der an dieser Stelle in allen Konzerten Beethovens wiederkehren wird. Eine selbstverständlich daraus hervorgehende virtuose Schlussgruppe – vor allem für die linke Hand – rundet die Exposition ab.

Was für eine Kadenz Beethoven selbst spielte, wissen wir nicht – der Klavierpart dürfte bei der Uraufführung weitgehend nur in seinem Kopf existiert haben. Die überlieferte Kadenz ist später für seinen Schüler geschrieben und weist stilistisch in die Zukunft.

Das *Adagio* ist schon beethovensch dreidimensional: Das Tempo geht in die *Breite*, der innige Ton in die *Höhe*, der warme, dunkle Es-Dur-Klang in die *Tiefe*. Dies spüren wir vor allem in der integrierten Kadenz, nur von der rechten Hand *piano con gran espressione* und *ad libitum* vorgetragen, während die linke das Herz sucht: ein atemloses Lauschen in die Ferne ...

Das Rondo *molto Allegro* provoziert mit verschobenen Akzenten, auch das Seitenthema – im Wechsel zwischen Solo und Tutti – hat den Schalk im Nacken. Kurz vor Schluss lächelt Beethoven in G-Dur sehr sanft, dann lacht er sich mit kecken Terzentrillern ins Fäustchen

UA Wien 1795

Ludwig van Beethoven

DRITTES KLAVIERKONZERT

Beim Namen Beethoven denkt man sofort an c-Moll: Allein drei Klaviersonaten stehen in dieser Tonart (die kleine und die große Pathetique und die erschütternde letzte), das dritte der Haydn gewidmeten frühen Klaviertrios (zu dem Haydn bemerkte: *Junger Mann, so etwas denkt man, aber schreibt man nicht!*), ein flammendes Streichquartett, eine abgründige Violinsonate, die tragische Coriolan-Ouvertüre, die Schicksalssinfonie (nicht zu vergessen: der c-Moll-Trauermarsch der Eroica) – und eben das dritte Klavierkonzert. In allen c-Moll-Werken Beethovens herrscht ein bestimmter Geist: dramatisch und aus der Tiefe des Herzens, leidenschaftlich und konsequent durchdacht.

Erster Satz *Allegro con brio*. das einleitende Tutti ist ausführlich (111 Takte) und spannend in seinen plötzlichen Stimmungswechseln. Das Hauptthema – kalt und drohend in den Streichern, heiß und klagend in den Bläsern – wird kontrastiert von einem seelenvollen Seitenthema im ganzen Orchester. Unterwegs klingt an, womit Beethoven in diesen Jahren rang: Leonores Leiden (Fidelio). Die Einleitung schließt sinfonisch mit drei mächtigen *unisono*-Schlägen: Hier ist kein Platz für ein Klavierkonzert! Eine lange Fermate wie ein Kräftemessen zwischen Orchester und Solist – dann peitschen drei energische c-Moll-Skalen in die Höhe, und das Klavier reißt wie ein Dompteur die Führung an sich. Auf einmal klingt das Orchester samtweich: Der Löwe ist gebändigt. Die fantastische Kadenz durchleuchtet blitzartig Beethovens bisherigen Weg und versinkt visionär im Spätstil – mit langen, schaurigen Doppeltrillern, an denen Themenfetzen hängen. Der *pianissimo*-Anschluss des Orchesters (mit pochender Pauke) ist wie ein Erwachen aus tiefem Traum …

Zweiter Satz *Largo.* Vielleicht ist die Wahl der Tonart Beethovens genialster Einfall in diesem großartigen Konzert: E-Dur – die seltene obere Mediante – wurde bisher nicht berührt; beim ersten, leisen Akkord des Klaviers erbebt der ganze Saal. Das Notenbild ist schwarz: Passagen mit fünf Balken – Schwerelosigkeit bei fast bewegungslosem Tempo. Der Klang ist hell: Nur Flöten, Fagotte, Hörner und gedämpfte Streicher grundieren den sehr romantischen Klavierpart.

Dritter Satz *Rondo Allegro.* Haben wir die Entrückung nach E-Dur mit wohligem Schauer genossen, so ist die abrupte Rückkehr nach c-Moll bitter für das Ohr, aber Beethoven konnte auch grob sein! Das *Largo* schloss überraschend mit einem *forte*-Akkord wie ein Doppelpunkt: Das *attacca* einsetzende grantige Rondothema zeigt uns die Zähne! Auch mit dem Dirigenten meint Beethoven es nicht gut in diesem Satz: Ständig muss er freie Kadenzen abfangen. Bei der ersten Probe blätterte der Kapellmeister Seyfried Beethoven am Klavier die Noten um – und geriet in Aufregung, weil in der Klavierstimme nur ein paar „ägyptische Hieroglyphen“ standen. Beethoven feixte! Dafür hatte er selbst in der C-Dur-Coda nichts zu lachen: *Presto* und *Forte* muss sie abfahren! Das Klavier reichte damals schon hinauf zum viergestrichenen C, das tiefe Kontra-C für den Schluss war noch ein Wunschtraum, dennoch: Das Jahrhundert des Klaviers hatte mit diesem Konzert begonnen.

UA Wien 1803

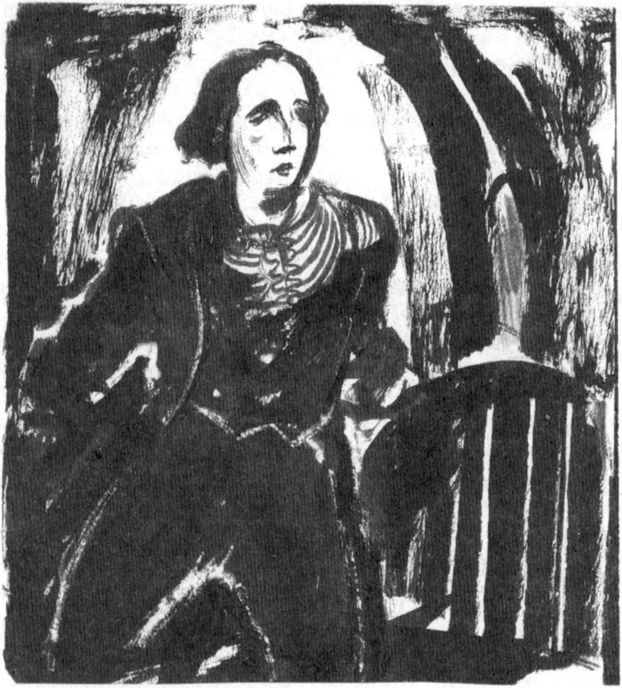

Ludwig van Beethoven

VIERTES KLAVIERKONZERT

Zum ersten Mal beginnt ein Konzert nicht mit einem Orchestertutti, sondern mit einem Motto des Soloinstruments. Wie Beethoven darauf kam? Geheimnis der Inspiration! Im dritten Klavierkonzert riss der Solist nach einem langen Tutti in einem dramatischen Akt die Führung an sich, hier aber schenkt das Klavier dem Orchester den Anfang eines G-Dur-Themas, der so schön ist, dass die Streicher erst nach einer Pause der Entrückung in H-Dur fortfahren und acht Takte brauchen, um nach G-Dur zurückzufinden. Dann erwachen die Bläser, und das Orchestertutti geht – immer noch unter dem Eindruck dieses Anfangs – beschwingt seinen Weg.

Das vierte Klavierkonzert könnte auch *La Gioconda* heißen, denn es lächelt wie Leonardo da Vincis Mona Lisa, und es gehört auch in diese Kategorie von Kunstwerken. Für Robert Schumann war es Beethovens *größtes* Konzert, und es wirkte inspirierend in sein eigenes Klavierkonzert hinein: In beiden Konzerten wird nicht gestritten (concertare = streiten); zwischen Klavier und Orchester herrscht Harmonie. Worin besteht der Zauber dieser Musik? Ich glaube, es ist das lächelnde Bewusstsein der eigenen Schaffenskraft. Der fünfunddreißigjährige Beethoven arbeitete *gleichzeitig* an der fünften Sinfonie, an der sechsten Sinfonie und am vierten Klavierkonzert. Seine kämpferische Leidenschaft schoss in die *Schicksalssinfonie*, seine Naturliebe floss in die *Pastorale*, und seine Menschenliebe strömte in das helle, warme G-Dur-Konzert. Er fühlte sich in seiner *ganzen runden, komplexen Menschennatur* (Furtwängler) gefordert und war glücklich und dankbar. Zwar wurde ihm sein zunehmendes Ertauben schmerzhaft bewusst – ich glaube, dass das Erkennen und Annehmen dieses Schicksals Gegenstand des einfachen und tiefen *Andante con moto* ist: das *forte*-Dictum des Orchesters schallt hart und bitter – , aber der *pianissimo una corda* demütig zustimmende Klavierpart klingt wie in der Ferne – nur noch dem inneren Ohr vernehmlich – und versöhnt sich am Schluss des Satzes mit dem Schicksalsspruch.

Im *attacca* anschließenden Rondo *Vivace* wird ausgelassen getanzt: das ungarisch-verwegene Hauptthema (auf der Subdominante beginnend!) fährt mit kecken Synkopen dem Publikum in die Füße. Zwischen Solo und Orchester wird auch kräftig gerangelt, aber das engelgleich sanfte Seitenthema verrät, wo wir uns befinden: im Elysium ...

Meisterhaft ist die Ökonomie der Orchesterbesetzung: Erster Satz ohne Trompeten und Pauken, zweiter Satz ganz ohne Bläser, dritter Satz Tutti. Faszinierend klingt der Klavierpart: Beethoven lässt den Diskant singen – durch tief grundierende Harmonien schwingen die Obertöne leuchtend mit.

Beethovens Kadenzen (für den ersten und den dritten Satz) schlagen geradezu über die Stränge und führen sogar satzfremde Taktarten ein – *ma non cadere* schrieb er launig darüber – *nur nicht fallen*! Viele Pianisten haben sich selbst Kadenzen geschrieben – dieses Konzert lässt die Fantasie erblühen!

UA Wien 1808

Ludwig van Beethoven

FÜNFTES KLAVIERKONZERT

Zum ersten Mal beginnt ein Konzert mit einer Kadenz! Wie Beethoven darauf kam? Geheimnis der Inspiration und Weiterschreiten auf dem beim vierten Klavierkonzert eingeschlagenen Weg: Dort prägte ein lächelndes Motto des Klaviers das folgende Tutti (und das ganze Konzert); hier lösen drei prachtvolle Tuttiakkorde drei leuchtende Klavierkaskaden aus, dann erst folgt das große Tutti.

Eine Kadenz *am Ende* eines Satzes reflektiert dessen Themen. Eine Kadenz *zu Beginn* kann nur improvisatorisch sein, da wir die Themen des Satzes noch gar nicht kennen; sie ist *präthematisch.* In der einleitenden Kadenz weht der Geist musikalischer Freiheit – und er weht stürmisch! Dennoch herrscht von Anfang an auf Steigerung angelegte kompositorische Ökonomie: Der erste Tuttiakkord *Es-Dur* ist (nur) zweitönig, der zweite *As-Dur* dreitönig, der dritte *B-Dur (B7)* viertönig. Die erste Klavierkaskade fordert (nur) die rechte Hand, die zweite beide Hände, die dritte die Technik des Pianisten. Ein solcher Anfang hat Konsequenzen für den ganzen ersten Satz: In der Reprise kehrt die Kadenz potenziert wieder – man bangt um den Flügel! Vor der Coda wird der sogenannte *kadenzierende Quartsextakkord* – traditioneller Moment der *reflektierenden* Kadenz – angesteuert, aber Beethoven tut nur so, als käme sie jetzt: nach kurzem Scheingetobe öffnet sich der Weg zur großen, erhabenen Coda gemeinsam mit dem Orchester.

Wegen seines erhabenen Charakters heißt dieses Konzert in England *Emperor/Herrscher* – ein etwas missverständlicher Titel bei einem so revolutionären Kopf wie Beethoven, aber souverän und stolz klingt diese Musik schon: Man sitzt automatisch gerade!

Das *Adagio* trägt den Zusatz *un poco mosso*: Wir sollen nicht träumen, sondern Anteil nehmen – am Schönen, das der menschliche Geist aus der Anschauung der Natur zu schaffen vermag, und am Schrecklichen, das Menschen einander anzutun fähig sind. Gerade wurde Wien belagert: *Nichts als Trommeln, Kanonen, Menschenelend aller Art!* schrieb Beethoven. Bei der *pianissimo*-Überleitung zum *Rondo* hat man das Gefühl, dass sich heimlich die Saaltüren öffnen und draußen alle späteren Komponisten von Klavierkonzerten die Ohren spitzen. Das Rondothema erscheint am Horizont wie eine Idee, eine Möglichkeit ...

... und dann legt der Pianist *fortissimo* los! Hoffentlich überstehen die kleinen Finger beider Hände den Kraftausbruch! Dreimal in dieser Schaffensphase hat Beethoven sich am punktierten 6/8-Rhythmus (unter Musikern lautmalerisch *Amsterdam-Rhythmus* genannt) berauscht: im Violinkonzert, in der Siebten Sinfonie und hier! Der Satz teilt tanzend Lebensfreude aus; dazu gehört, dass er sehr fragend und leise verklingt: *memento mori* mit dem die Pauke schlagenden Tod – dann fegt die letzte brillante Klavierphrase alle Schatten von der Tastatur!

Dieses Konzert hat Beethoven wegen seiner fortschreitenden Ertaubung nicht mehr selbst gespielt. Sein Mäzen und Schüler Erzherzog Rudolph sprang für eine halb private Voraufführung ein. Die öffentliche Uraufführung fand – wie ein Fanal vor der Völkerschlacht – in Leipzig statt (Solist: Friedrich Schneider); in der ersten Wiener Aufführung saß ein anderer Schüler Beethovens, der *pianistische Exerziermeister* Carl Czerny, durch seine Etüden wohlvorbereitet, am Flügel!

UA Leipzig 1811

Ludwig van Beethoven

VIOLINKONZERT

Ein kurzes Prüfen der Saiten und des Bogens, dann nickt der Solist *piano dolce* dem Dirigenten zu. Der wechselt *p dolce* einen Blick mit dem Paukisten, die Holzbläser heben *p dolce* die Instrumente: vier *p dolce* pochende Herzschläge der Pauke, die *p-dolce*-Melodie der Oboe grüßt, und das ganze Publikum lächelt *piano dolce*!

Die drei schönen Themen des weiträumigen und *Allegro ma non troppo* nicht schnellen ersten Satzes ähneln sich wie Geschwister: friedvoll, fromm und freudig. Aber mit Beginn des Satzes werden die noch pausierenden Streicher unruhig; bei ihrem ersten Einsatz sitzen sie kerzengerade, als könnten sie nicht fassen, was sie da zu spielen haben: das viermalige kurze *Dis*, motivisch aus dem pochenden Auftakt der Pauke bezogen, ist der rätselhafteste Takt der Klassik – auch Beethoven erklärt ihn nicht: fremd, kahl und unbegleitet lässt er ihn geschehen.

Die Paukeninitiale auf *D* atmete Vertrauen, aber das nur einen Halbton entfernte *Dis* der Streicher weckt Grauen – dieses *p-dolce*-Vierton-Motiv und seine abgründige Variante durchpulsen den ganzen Satz und lassen uns die Nähe zwischen Vertrauen und Grauen empfinden.

Das G-Dur-*Larghetto* (*con sordino,* ohne Trompeten und Pauken) ist Beethovens hellste Musik: ein mystischer Variationssatz, dessen tastendes Thema ins Licht – nach Fis-Dur – strebt. Auch der schwerelos schwebende Solopart scheint erleuchtet: die dunkle G-Saite wird kaum berührt. Der innige *cantabile*-Abgesang erinnert an das ergreifende Terzett der Barmherzigkeit der Oper *Fidelio: Euch werde Lohn in bessern Welten ...*

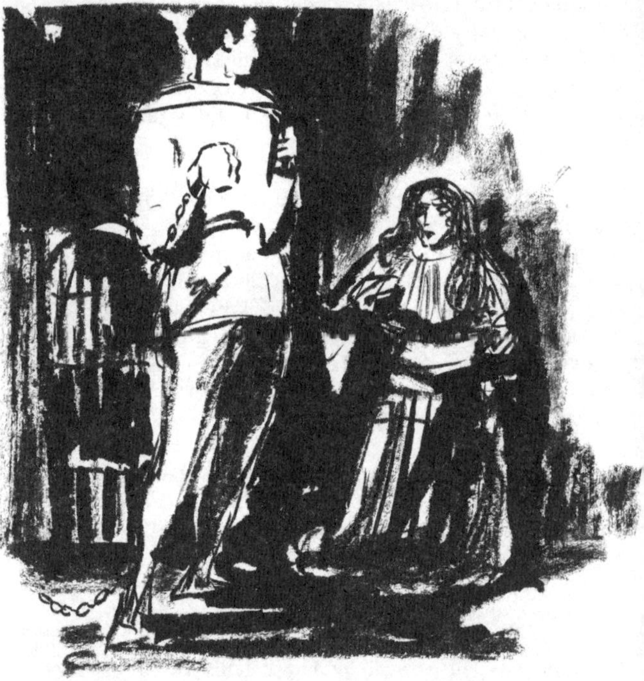

Zwei rezitativische *forte*-Takte und eine knappe Kadenz wecken uns aus Träumen, aber Beethoven wusste, warum er das tiefe Register eben ausgespart hatte – das launige *Rondo-Allegro*-Thema auf der G-Saite überrascht: Spielt der Solist plötzlich auf einer anderen Geige? Und kaum haben wir uns gefasst, winkt das Thema zwei Oktaven höher – wie aus *besseren* Welten.

Der Solopart ist von überquellender Fantasie und meisterlicher Ökonomie: seelenvolle Melodik, schwingende Skalen, bewegte Dreiklänge und frei deklamierende Passagen wechseln unermüdlich. Erster und zweiter Satz kommen ohne Doppelgriffe aus; die ersten, sich effektvoll spreizenden Doppelgriffe prägen das ausgelassene *Rondo*-Seitenthema. Der Orchesterklang ist entspannt, einladend und warmherzig – als wären bessere Welten auch unter Menschen möglich. Die Fagottisten lieben das Violinkonzert sehr – sie haben in allen Sätzen herrliche Soli zu spielen: melancholisch, poetisch und bukolisch.

Das Violinkonzert ist mit zwei Namen verbunden: Franz Clement beriet Beethoven und war der erste und gefeierte Solist, aber weltberühmt wurde es durch den dreizehnjährigen Joseph Joachim – er spielte es laut Tagebuch der Schumanns: *wie wir niemals haben Geige spielen hören.*

Die Solovioline beginnt nicht mit einem Thema, sondern steigt in entschlossenen Oktavschritten aus dem einleitenden großen Tutti als *primus inter pares* empor und und führt das Orchester an, ohne zu herrschen, nur kraft des Geistes – ein ideales Gesellschaftsmodell als Violinkonzert!

UA Wien 1806

Ludwig van Beethoven

MISSA SOLEMNIS

Lebenslang rang der Sinfoniker Beethoven um einen eigenen Vokalstil. Bei seiner Oper *Fidelio* hatte er Mühe, sich zur Banalität des Librettos hinunterzubeugen; in den wichtigen Augenblicken gelang es ihm, den Text zu sich emporzureißen. Bei der *Missa solemnis* aber stand er einem großen Text Auge in Auge gegenüber; hier fand er in fünfjähriger (1818-23) unerbittlicher Arbeit einen angemessenen, nicht sinfonischen, sondern hymnischen Vokalstil, der auch das Finale seiner *Neunten* beeinflusste.

Kyrie, Sanctus und *Agnus Dei* enthalten kurze Textsequenzen – Beethovens Vertonungen sind übersichtlich; *Gloria* und *Credo* enthalten lange Textsequenzen – entsprechend vielschichtig sind Beethovens Vertonungen.

Kyrie: der Herr wird feierlich ruhig angerufen (Chor und einzelne Soli); Christus wird persönlich angerufen (Solistenensemble in bewegtem Tempo).

*Gloria: S*trahlend fährt das Thema in die Höhe! Das menschliche Schuldbewusstsein in *qui tollis peccata mundi* kommt sehr demütig zum Ausdruck. Der Bitte *miserere nobis* fügt Beethoven sogar ein eigenes Wort hinzu: *O miserere nobis.*

Credo: Hier lässt Beethoven uns das *crucifixus etiam pro nobis* ergriffen und ergreifend durchleiden. Die Worte *credo in unam sanctam catholicam et apostolicam ecclesiam* werden zwar vom Chortenor gesungen, aber von den anderen Chorstimmen mit *credo*-Rufen zugedeckt – dazu wollte Beethoven sich offenbar nicht bekennen. Der katholischen Kirche entging dies nicht – im Rahmen der Liturgie ist die *Missa solemnis* deshalb nicht zugelassen!

Die groß angelegte Coda *et vitam venturi saeculi* geht für alle – Komponist, Ausführende und Zuhörende – über die Grenze des Menschenmöglichen hinaus, aber das ist wohl auch beabsichtigt.

Sanctus: Der Chor beginnt *mit Andacht* und steigert sich zu großem Jubel. Dann leitet ein stilles *Praeludium* (liturgische Wandlung) zum erhabensten Violinsolo der Musik über, das aus höchsten Regionen niedersteigt und von einem inspirierten Ensemble begleitet wird: *benedictus qui venit.*

Agnus Dei: In dem ernsten Basssolo geht es nicht um das Gotteslamm, sondern um die Sünde des Menschen, die auf ihm lastet. Beethoven nahm den Messetext wörtlich – eine (leider undenkbare!) Aufführung in deutscher Sprache wäre *überwältigend*; er war auch der erste, der den Messetext hinterfragte: *dona nobis pacem* – warum bitten Menschen um Frieden? Weil Krieg kommt! Dreimal droht er in dieser Musik: erst in Pauken und Trompeten, noch fern, aber im Anmarsch. Dann kracht es, als würde die Welt einstürzen. Zuletzt, kurz vor Schluss, gemahnt die Pauke *pianissimo*, dass der Friede zu jeder Zeit in Gefahr ist.

Unvergesslich bleibt mir die Aufführung der *Missa solemnis* am 16. Januar 1995 (im Gedenken an die Bombardierung 1945) in der kalten, offenen Bauruine des Magdeburger Theaters, im Mantel, mit sichtbarem Atem, vor eintausendzweihundert überwiegend stehenden Zuhörern – als wäre die Stadt eben erst zerstört worden. Nie war Beethovens Widmung dringlicher: *Von Herzen – möge es wieder zu Herzen gehen.*

UA St. Petersburg 1824

Vincenzo Bellini

LA SONNAMBULA

Eine ausgelassene, sonnige Tarantella mit Chor und ariosen Einschüben begrüßt das Publikum; wer erraten müsste, wo wir uns befinden, wüsste es sofort: Süditalien! Hier stellt Vincenzo Bellini zunächst sich selbst vor: ein schwarzlockiger, hochbegabter Sizilianer, Liebling der Frauen und der Götter – mit nur 34 Jahren riefen sie ihn zu sich.

Eine ernste Oper über das mysteriöse Phänomen des Nachtwandelns sollte es werden; als aber Bellini und sein Librettist Felice Romani erfuhren, dass Donizetti in *Lucia di Lammermoor* auch gerade eine Primadonna nachtwandeln lassen wollte, beschlossen sie, den Stoff heiter zu fassen, und verlegten die Handlung ins Land der glücklichen Kühe: die Schweiz, in ein Dorf mit einem alten gräflichen Schloss. Zwar übersahen sie, dass es in der Schweiz eigentlich keine Grafen gibt, aber wer wollte bei einer heiteren Oper alles so ernst nehmen.

Vor siebzehn Jahren hatte der Sohn des letzten Grafen – nach einer Affäre mit einem Bauernmädchen – Schloss und Dorf verlassen; als er jetzt zurückkehrt, gerät er in die Hochzeitsvorbereitungen für den reichen Bauernburschen Elvino und Amina, einer jungen Waise, die nach dem frühen Tod ihrer Mutter bei einer Witwe aufwuchs und von allen geliebt wird. Das Wiedersehen mit seiner Heimat und die Begegnung mit der liebreizenden Amina bewegen den Grafen sehr; er beschließt, in der Pension von Lisa zu übernachten, obwohl es dort spuken soll. Und tatsächlich: In der Nacht öffnet sich die Zimmertür, und die nachtwandelnde Amina erscheint. Die Pensionswirtin Lisa, eifersüchtig auf Elvino, entfacht einen Skandal, man findet Amina im Zimmer des Gastes und ächtet sie. Am nächsten Tag versucht der Graf, die erregten Dorfbewohner über die medizinischen Ursachen des Nachtwandelns aufzuklären. In einer weiteren Erscheinung – coram publico – träumt Amina trauernd von ihrer geplatzten Hochzeit mit Elvino. Nun sind alle von ihrer Unschuld überzeugt; man weckt sie sanft, und die geträumte Hochzeit wird Wirklichkeit.

Wie ein raffinierter Autobauer legte Romani sein Libretto Bellini vor: Es gab ein Basismodell (mit blinden Schaltern) und eine Ausführung de luxe – in dieser konnten mehrere Nebenhandlungen zugeschaltet werden: der Graf würde entdecken, dass Amina seine Tochter aus der Affäre mit dem Bauernmädchen sei, und der Kommunalpolitiker Alessio würde Lisa trösten. Bellini entschied sich für das Basismodell des Librettos – Amina sollte ganz im Mittelpunkt stehen.

Und so ist ihre große (zweite) Nachtwandelszene Höhepunkt der Oper: eine ergreifende Arie mit einer jener *melodie lunghe,* die Verdi bei Bellini so liebte: lange Melodien, in denen sich nichts wiederholt. Alle auf der Bühne, im Orchestergraben und im Publikum halten bei diesem reinen, somnambulen Belcanto den Atem an.

UA Mailand 1831

Vincenzo Bellini

NORMA

Wir schreiben das Jahr 50 v. Chr. – ganz Gallien ist von den Römern besetzt – ganz? Nein: An der Irminsäule unter den heiligen Eichen, auf denen Druiden Misteln schneiden (natürlich mit goldenen Sicheln), treffen sich nachts die gallischen Krieger und warten auf das Zeichen der Seherin Norma, um gegen die Römer loszuschlagen. Doch diese zögert – warum? Der römische Statthalter Severs hat mit ihr heimlich zwei Söhne gezeugt. Jetzt aber interessiert er sich für ihre Kollegin Adalgisa. Die Frauen tauschen sich aus. Eigentlich will Norma ihre Kinder töten, aber sie ändert ihren Sinn: Sie ruft die Gallier zu den Waffen, diese ergreifen Severs. Dann klagt sie sich selbst an. Norma und Severs besteigen den Scheiterhaufen; beider Kinder werden Adalgisa anvertraut.

Schon einhundertfünfzig Jahre vor der französischen Comic-Serie begeisterte das Drama *Norma* von Soumet und Belmontet über die römische Besetzung Galliens das Pariser Publikum. Der hoch angesehene Genueser Dichter Felice Romani formte sofort daraus ein Libretto in wohlklingenden Versen, Bellini stürzte sich, die Gunst der Stunde nutzend, in die siebenmonatige Arbeit, und noch im selben Jahr ging *Norma* an der Scala in Szene.

Eine großartige Oper – wenn man großartige Sänger zur Verfügung hat! Giuditta Pasta hatte – nach ihrem Erfolg mit *La Sonnambula/Die Nachtwandlerin* Bellini um eine Oper *mit dominierender weiblicher Hauptpartie* gebeten; als dann die berühmte Maria García-Malibran – sie und ihre Schwester Pauline García-Viardot prangen als leuchtende Fixsterne am Primadonnenhimmel – die Seherin sang, wurde *Norma* zum Nonplusultra des Belcanto – eine italienische Gesangskunst, die der spanische Tenor Manuel García als Gesangslehrer – nicht nur bei seinen Töchtern – in Frankreich entwickelte: ein klingendes europäisches Phänomen!

Richard Wagner bewunderte Romanis Dichtung, *die sich zur tragischen Höhe der alten Griechen aufschwingt,* und schätzte Bellinis Musik als *ein großes und klares Gemälde, das an Glucks Schöpfungen erinnert.*

- Edel: die ernste g-Moll-Ouvertüre – mit versöhnlichem G-Dur-Schluss;
- einfühlsam: die langen orchestralen Szeneneinleitungen;
- packend: die kraftvollen Druiden- und Kriegerchöre;
- theatralisch: die plastischen Orchester-Rezitative;
- eingängig: die vom ganzen Orchester harfenartig begleiteten Arien.

Höhepunkte: Normas Cavatina *casta Diva / keusche Göttin,* die virtuosen Duette zwischen Norma und Adalgisa.

Die männliche Hauptfigur des römischen Statthalters Severs wird einem nicht recht sympathisch – ob das an seinem Verhalten liegt – oder an unserer Sympathie für die unbesiegbaren Gallier?

UA Mailand 1831

Alban Berg

WOZZECK

Ein leiser Trommelwirbel mit Abschlag, und wir wissen, wo wir sind: der Soldat Wozzeck rasiert seinen Hauptmann. Dem geht alles zu schnell: *Langsam, Wozzeck, langsam!* Der murmelt nur: *Jawohl, Herr Hauptmann!*

Im Orchester ist die Oper ein Gang durch das imaginäre Museum der musikalischen Formen.

Erster Akt (barocke Abteilung): fünf Charakterstücke (1.-5. Szene): Suite, Rhapsodie, Marsch und Wiegenlied, Passacaglia, Rondo.

Zweiter Akt (klassische Abteilung): Sinfonie in fünf Sätzen (6.-10. Szene): Sonatensatz, Fantasie und Fuge, Largo, Scherzo, Introduktion und Rondo.

Dritter Akt (moderne Abteilung): fünf Inventionen (11.-15. Szene): Invention über ein Thema, über einen Ton, einen Rhythmus, einen Klang, eine Bewegung.

In den Charakterstücken (erster Akt) werden die Personen und ihre Beziehungen vorgestellt.

In der Sinfonie (zweiter Akt) beginnt die Dramatik. In den Inventionen (dritter Akt) kommt es zur Katastrophe. Die Formen im ersten Akt sind statisch, die im zweiten Akt dynamisch; die Inventionen im dritten Akt sind eigentlich keine Formen, sondern verschiedene Ebenen musikalischen Denkens (Thema, Ton, Rhythmus, Klang, Bewegung).

Innerhalb eines jeden Aktes sind die Szenen pausenlos durch Zwischenspiele verbunden, sodass es in jedem Akt vier Zwischenspiele gibt. Vor der letzten Szene wird das Geschehen rückschauend und kadenzierend zusammengefasst, sodass die letzte Szene nur noch der auspendelnde Schlussakkord ist. Die Zwischenspiele geben präzise den Zeitrahmen vor, in dem die Verwandlungen stattfinden müssen – eine anspruchsvolle Aufgabe für Bühnenbildner und Theatertechnik!

Auf der Bühne ist die Oper – über einer warmherzigen Musik des Erbarmens – ein Panoptikum erbärmlicher, erbarmungsloser und erbarmenswürdiger Gestalten: der schizophrene Soldat Wozzeck, der apoplektische Hauptmann, der sadistische Doktor, die tumbe Marie, der brutale Tambourmajor – *der Mensch ist ein Abgrund, es schwindelt Einem, wenn man hinunterschaut.*

Wie kann man die musikalisch geformte Wirklichkeit *im Orchester* und die psychisch deformierte Wirklichkeit *auf der Bühne* als Einheit verstehen? ... *das Schöne ist nichts als des Schrecklichen Anfang* (Rilke). Wenn aber das Schreckliche wächst und wuchert, dann kann beispielsweise eine *Fantasie und Fuge über drei Themen* zur 6. Szene werden, in der Doktor und Hauptmann den gehetzten Wozzeck seelisch foltern.

Alban Berg zwingt sich selbst, bei den heftigen Emotionen auf der Bühne musikalisch bei der Sache zu bleiben und nicht naturalistisch auf das Geschehen zu reagieren; und er ruft den ganzen musikalischen Formenkanon auf, bei der Darstellung des erschütternden Menschheitsdramas *Wozzeck* gestaltend mitzuwirken.

Wer den Wunderbau der Oper kennt, kann durch Konzentration auf die musikalischen Vorgänge die Schrecken der Szene auf Distanz halten; wer die Oper unvorbereitet, aber unvoreingenommen auf sich wirken lässt, wird vom genialen Text Georg Büchners in der kongenialen musikalischen Diktion Alban Bergs ergriffen werden, und aus eigenem Abgrund erst dann wieder auftauchen, wenn am Schluss das verwaiste Kind von Marie und Wozzeck mit *hopp, hopp* von der Bühne gehüpft ist.

UA Berlin 1925

Alban Berg

LULU

Im Prolog führt ein Tierbändiger seine Bestien vor – Star ist eine Schlange: Lulu, *die Urgestalt des Weibes, geschaffen, zu verführen und zu morden, ohne dass es einer spürt.*

Ein Maler arbeitet an einem Porträt von Frau Medizinalrat Dr. Goll: *Lulu im Pierrotkostüm.* Dr. Schön (Redakteur) und sein Sohn Alwa (Komponist – in ihm sah Berg sich selbst) schauen zu. Als beide gegangen sind, will der Maler Lulu küssen. Der ältliche Medizinalrat kommt darüber hin und erliegt einem Herzschlag.

Der Maler hat Lulu geheiratet. Dr. Schön verlobt sich, um Lulu zu entkommen. Als er den Maler über die niedere Herkunft Lulus aufklärt, begeht dieser Selbstmord.

Lulu ist Tänzerin geworden. Als sie Dr. Schön mit seiner Verlobten im Zuschauerraum erblickt, täuscht sie eine Ohnmacht vor. Den ihr in der Garderobe zu Hilfe eilenden Dr. Schön bringt sie dazu, seine Verlobung zu lösen – dann geht die Vorstellung weiter.

Dr. Schön hat Lulu geheiratet. An seinem Börsentag versammelt Lulu ihre Anbeter um sich: die lesbische Gräfin Geschwitz (in ihr sah Berg seine Schwester Smaragda), den Bettler Schigolch (vermutlich ihr Vater – sie gibt ihm immer reichlich Geld), einen Athleten, einen Gymnasiasten, den Kammerdiener und vor allem: Alwa, ihren Stiefsohn. Dr. Schön kommt unerwartet zurück. Wütend verlangt er von Lulu, mit seinem Revolver sich selbst zu erschießen, aber sie erschießt ihn. Die Polizei verhaftet sie.

Ein Zwischenspiel (Filmmusik) schildert, wie Gräfin Geschwitz mit Lulu die Identität tauscht und selbst einen Teil von deren Gefängnisstrafe absitzt ... Lulu lebt mit Alwa erst in einem luxuriösen Pariser Domizil, dann, als seine Aktien wertlos werden, in einer Londoner Mansarde als Prostituierte. Die Gräfin – nach ihrer Haftentlassung – erscheint mit dem geretteten Porträt *Lulu im Pierrotkostüm*. Ein Kunde Lulus, der sich von Alwa beobachtet fühlt, tötet diesen. Ein anderer, der nicht zahlen will, tötet Lulu und, als sie sich ihm entgegenstellt, auch die Gräfin.

Wie *Wozzeck* hat auch *Lulu* einen präzisen musikalischen Bauplan. Es gibt zwar erkennbare Nummern, vor allem aber hat jede Figur eine Musik, an der Berg weiterbaut, wenn die Figur aktiv ist. Der Orchesterstil ist trotz großer Besetzung kammermusikalisch unter Einbeziehung von neuer Tanzmusik (English Waltz und Ragtime).

Seit 1928 befasste sich Berg mit *Lulu*. Die Arbeit wurde behindert durch die politische Entwicklung, die vielen Komponisten die Existenzgrundlage raubte. 1935 schob er die Komposition seines Violinkonzerts ein. Als er starb, waren nur zwei von drei Akten fertig. Bergs Witwe Helene hoffte vergeblich, dass Schoenberg, Zemlinsky oder Webern die Skizzen weiterführen würden. Da *Lulu* auch als Torso erfolgreich wurde, verweigerte sie später eine Vervollständigung. Erst nach ihrem Tode wurde die Oper von Friedrich Cerha beendet.

Lulu – eine mörderische Partie für einen hohen Koloratursopran – ist als vom Sexus besessener Weibdämon ohne sittliche Werte eine pure Ausgeburt der Männerfantasie. Bemerkenswert am Menschenbild des Textdichters Frank Wedekind ist, dass von allen Figuren einzig der lesbischen Gräfin Geschwitz die Fähigkeit zu wahrer, aufopfernder Liebe zugestanden wird. Musik und Szene passen in diesem verwirrenden und verwirrten Drama ideal zusammen, denn jeder Bewegung auf der Bühne entspricht eine Bewegung im Orchester, und vor allem: auch die Zwölftontechnik mit ihren Zahlenspielen ist eine Ausgeburt der Männerfantasie.

UA Zürich (zweiaktig) 1937 / Paris (dreiaktig) 1979

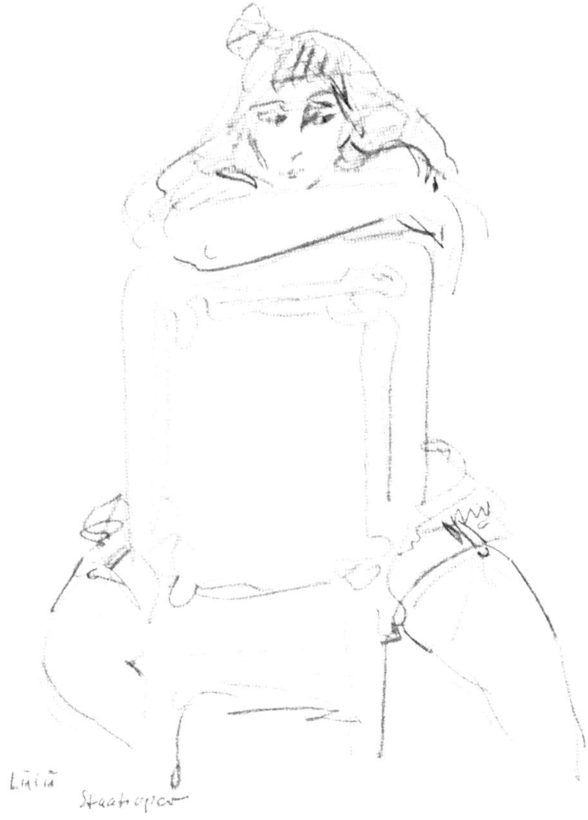

Hector Berlioz

SYMPHONIE FANTASTIQUE

Episode aus dem Leben eines Künstlers steht unter dem Titel, dann folgen Angaben zum Inhalt der fünf Sätze. Eine programmatische, vielleicht sogar autobiografische Sinfonie? Angeregt wurde Berlioz durch Goethes *Faust* – Künstler sehen in Faust einen Kollegen. Fausts inneres Ringen, Gretchen, die Walpurgisnacht – vieles klingt bei Berlioz an. Die fünfzigminütige Sinfonie ist sein Meisterwerk, übertroffen wird sie nur noch von seinen *Memoiren.* Diese sind exzellent geschrieben, aufschlussreich, bizarr, ironisch, pointiert – und unglaublich! Eigentlich gab es in Berlioz' Leben nur zwei positive Begegnungen: mit dem alten Jean-François Lesueur und mit dem jungen Franz Liszt. Lesueur sagte nach dem Lesen einer frühen Komposition von Berlioz: *Sie haben Genie!* und nahm ihn in seine Kompositionsklasse am Pariser Conservatoire auf. Liszt hörte die Uraufführung der *Fantastique* und riss durch seine Begeisterung das Publikum mit. Er selbst empfing an diesem Abend durch Berlioz' Programm-Sinfonie die Idee zu seinen späteren sinfonischen Dichtungen.

I. *Träume – Leidenschaften.* Die träumerische Melodie (Violinen) der *Largo*-Einleitung bewahrt nach Berlioz' eigenen Worten etwas von seiner Jugend. Das leidenschaftliche Thema des *Allegro agitato e appassionato assai*-Hauptteils kehrt wie eine *Idée fixe* als Symbol der unerreichbaren Geliebten in allen Sätzen wieder.

II. *Ein Ball.* Dieser elegante französische *Valse* mit seinem gezierten *ritardando* würde gut in eine Oper von Meyerbeer passen. Auffallend: der virtuose Part der beiden Harfen.

III. *Auf dem Lande.* Vorbild für dieses *Adagio* sind Glucks *elysische Gefilde* und Beethovens *Pastorale.* Unheimlich: das *tremolo* der vier Pauken, ein fernes Gewitter andeutend.

IV. *Der Gang zum Hochgericht.* Die Schrecken der Französischen Revolution klingen in diesem Geschwindmarsch nach. Packend: die kalte, scharfe Instrumentation.

V. *Hexensabbat.* Der verminderte Septakkord war 1827 (Beethovens Todesjahr) noch nicht so verbraucht wie in der Zeit Wagners – Berlioz kostet reichlich von dieser gefährlichen harmonischen Droge! Haarsträubend: die schrille Klarinette – die Geliebte erscheint als Hexe! Mit tiefen Glocken ruft das *Dies irae* zur schwarzen Messe – die Sinfonie endet als blasphemischer Alptraum!

Berlioz ist ein Phänomen: Ohne selbst Instrumentalist zu sein, entwickelte er ein tiefes Verständnis für das Wesen des Orchesters. Er schrieb eine Instrumentationslehre, die – später erweitert von Richard Strauss – noch heute in jedem Komponistenschrank steht. Kein Griffbrett, keine Tastatur dachte für ihn; seine haarsträubende *Sinfonie* entstand nur in seinem Kopf – *fantastisch!*

UA Paris 1830

LEONARD BERNSTEIN

WEST SIDE STORY

Bandenkrieg amerikanischer Jugendgangs zu Anfang der Fünfzigerjahre in New York: *Jets* (einheimische Weiße) gegen *sharks* (eingewanderte Puertoamerikaner). Tony *(jet)* und Maria *(shark)* begegnen sich beim Tanzen in einer Turnhalle. Ein seliges Liebespaar aus verfeindeten Sippen – Romeo und Julia als Broadway-Musical. Und grausam wie bei Shakespeare geht es zu: Bei einer rituellen Schlägerei *(the Rumble)* zwischen den Bandenchefs Riff *(jet)* und Bernardo *(shark)* blinken plötzlich Messer, und Bernardo ersticht Riff aus Wut über die durch Tony geschändete Ehre seiner Schwester Maria. Daraufhin tötet Tony Bernardo. Anita, Marias Freundin, will Tony vor der Rache von Chino, Bernardos Freund, warnen. Als die Jets sie vergewaltigen, behauptet sie aus Angst, Chino habe Maria getötet. Daraufhin irrt Tony, rasend vor Schmerz, durch die Straßen und ruft nach Chino. Plötzlich findet er Maria und stürzt in ihre Arme – von Chinos Revolver getroffen. Maria – wie die Pietà mit Tonys Leiche auf dem Schoß – klagt die Welt an.

Jets und sharks müssen auf der Bühne nicht nur singen, sondern auch präzise tanzen; die szenische Hauptarbeit liegt dementsprechend weniger beim Regisseur als vielmehr beim Choreografen.

Die Musik ist *somber* (drohend), *jazzy* (knallig), *street-smart* (straßenmäßig) und *savvy-literally* (scharfzüngig). Leonard *Lenny* Bernsteins charismatische und impulsive Persönlichkeit bricht aus jedem Takt der Partitur hervor. Er war Dirigent, Pianist und Komponist – und als solcher in der Klassik ebenso zu

Hause wie in der Popularmusik. Die Charakterisierung der Jets durch Jazzelemente (wie in *Cool*) und der sharks durch Folkelemente (wie in *America*) ist sehr gelungen.

Die Holzbläser im amerikanischen Reed-System sind keine Spezialisten wie in europäischen Orchestern, sondern versierte Allroundmusiker: Fünf Spieler haben abwechselnd dreiundzwanzig Instrumente zu bedienen. Klangprägend sind daneben die virtuose Brass-group (Blechbläser) die elektrische Gitarre, Klavier und großes Schlagzeug (mit Jazz-Drumset).

Die nur zwölf Streicher geben vor allem Atmosphäre und Sound in den intimen Szenen zwischen Tony und Maria. Die musikalische Poesie der Liebesszenen ist wie ein Operntraum und steht in krassem Gegensatz zu den realistischen Bandenszenen:

- Tonys schwebend-erregter Eingangssong *Something's coming*,
- sein schwärmerischer Lovesong über den Namen *Maria*,
- die bezaubernde, zur Musik gesprochene erste Begegnungsszene,
- die *Balcony-scene* mit dem melodieseligen Duett *Tonight, tonight*
- Marias gesprochene Schlussklage – an der Leiche Tonys – ergreift in ihrer einfachen Wahrheit.

West Side Story ist das tragische Hohelied des amerikanischen Rassismus – wird er jemals überwunden werden, *somehow, someday?*

UA New York 1957

Prof. Dr. Alexander Borodin

ZWEITE SINFONIE

Für andere ist das Komponieren Aufgabe, Arbeit, Pflicht, bedeutet es das ganze Leben; für mich ist es Ruhe, Spaß, eine Laune, die mich von meinen Pflichten ablenkt. Alexander Borodin wurde mit fünfundzwanzig Jahren in St. Petersburg Professor der Chemie und der Medizin, er war ein fähiger und gefragter Wissenschaftler. Außerdem engagierte er sich für Frauenrechte: Er bildete die ersten Ärztinnen im russischen Reich aus. In der Musik war er ein genialer Dilettant – wie mancher der Handvoll russischer Komponisten, die man spöttisch *Das mächtige Häuflein* nannte: Modest Mussorgski war der gewaltige Daumen, Mili Balakireff der hilfreiche Zeigefinger, Nikolai Rimski-Korsakow der geistig herausragende Mittelfinger, Borodin der von ihm anatomisch-fachlich abhängige Ringfinger, und César Cui der schwache kleine Finger. Borodins Leidenschaft für die Musik half ihm, seinen Pflichten nachzukommen, weil er sich mit dem Komponieren für deren Erledigung belohnte. Er kam wenig zum Schreiben; die Werkprozesse zogen sich hin, vieles blieb liegen und wurde erst nach seinem Tode von Rimski-Korsakow beendet und ediert.

Die Zweite Sinfonie h-Moll ist *die* russische Sinfonie! Sie klingt nach alten Städten mit goldenen Zwiebeltürmen, nach weiten Landschaften mit wilden Pferden, und – gelegentlich – nach Sümpfen, in denen die Bauernwagen stecken bleiben.

Die Hauptthemen aller vier Sätze schildern drastisch den Charakter des russischen Menschen, die Seitenthemen malen volksliedartig die russische Volksseele.

Erster Satz: *fest im Glauben und furchtlos durch dick und dünn* – das kraftstrotzende Hauptthema spielt mit kirchentonartlichen Modi (phrygisch) sowie mit Dur und Moll.

Zweiter Satz: *gefährlicher Humor* – das scherzoartig *auf den Busch klopfende* Hauptthema braust auf und verschwindet wieder.

Dritter Satz: *große, tiefe Seele* – das überströmende Hornthema breitet weit die Arme aus, das ganze Orchester brennt darauf, es nachzuspielen!

Vierter Satz: *ausgelassene Lebensfreude mit Hang zur Zügellosigkeit* – ein lachender, wilder Tanz mit herrlichen Taktwechseln!

Die erste Aufführung (Wo? Wann?) soll schiefgegangen sein. Die vom begeisterten Franz Liszt arrangierte Aufführung in Baden-Baden war ein großer Erfolg. Als Borodin starb, spendeten die Ärztinnen der von ihm ausgebildeten ersten fünfzehn Jahrgänge (1872-1885) einen Kranz mit der Aufschrift: *Dem Gründer, Bewahrer und Streiter für medizinische Frauenbildung, dem Freund und Beschützer der lernenden Jugend!*

Jedes *lernende Jugend*-Orchester von fünfzehn bis fünfundsiebzig Jahren sollte diese wunderbare Sinfonie dieses wunderbaren Menschen im Repertoire haben!

UA Baden-Baden 1880

Johannes Brahms

EIN DEUTSCHES REQUIEM

Idee und Titel fand Brahms in Robert Schumanns nachgelassenem *Projektenbuch*: *Ein deutsches Requiem.* Gerade hatte er eine Trauermarsch-ähnliche Sarabande für sein (erstes) Klavierkonzert komponiert, das durch die Schumann-Katastrophe ausgelöst worden war. Als der Satz dort eliminiert wurde, mutierte er zum schauerlichen Totentanz seines Requiems *Denn alles Fleisch, es ist wie Gras.* Dessen Harfenpart lässt den ursprünglichen Klavierpart noch ahnen. Brahms deutete selbst an, *wie sehr und innig das Requiem Schumann gehöre.*

Wie Schumann mit der Textfrage verfahren hätte, wissen wir nicht. Der eben über dreißigjährige, skeptische aber bibelfeste Brahms verfuhr im wahren Sinne protestantisch: Er stellte sich den Text selbst zusammen. Mit klarem Formsinn ließ er seine Textauswahl mit den Worten *Selig sind* ... beginnen und enden.

In der ersten Fassung gab es noch kein Sopransolo; der zarte Chorsatz *Wie lieblich sind deine Wohnungen* bildete den (etwas blassen) Mittelpunkt. Die evangelische Kirche bemängelte das Fehlen der Christusfigur. Damit das Requiem im Bremer Dom uraufgeführt werden durfte, wurde aus Händels *Messias* die Arie *Ich weiß, dass mein Erlöser lebet* eingelegt. Dann löste Brahms das Dilemma, indem er das Sopransolo *Ihr habt nun Traurigkeit* nachkomponierte, sodass es zwar immer noch keine Christusfigur, aber durch die Worte *Ich will euch trösten, wie einen seine Mutter tröstet* immerhin eine Muttergottesfigur gibt. Dieser Satz bildet den wunderbaren Höhepunkt und betont das Anliegen des Requiems: Trost im Schmerz. Allerdings zerreißt diese Einfügung den ursprünglichen Textzusammenhang von *Wie*

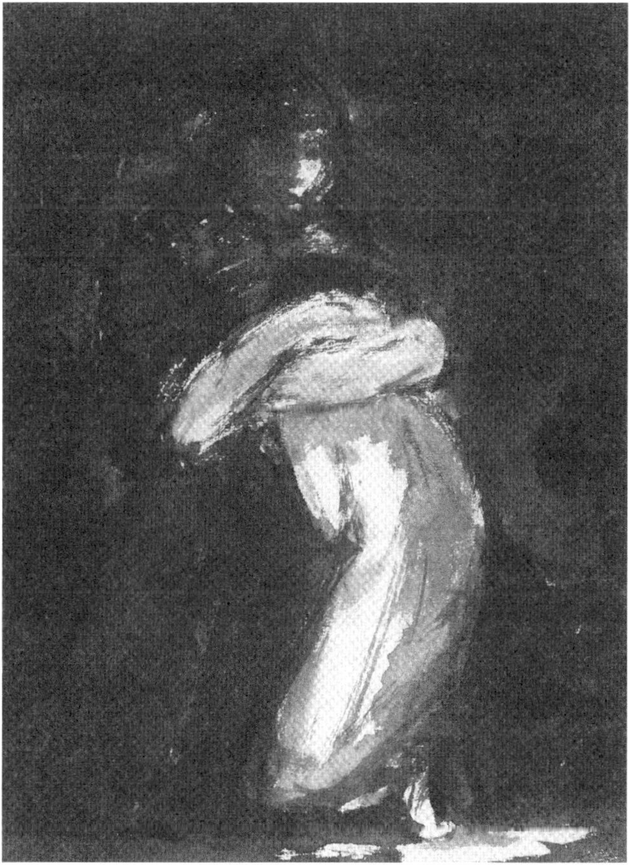

lieblich sind deine Wohnungen und *Denn wir haben hier keine bleibende Statt.* Wenn man aber die Reihenfolge von *Wie lieblich* und *Ihr habt nun* vertauschte, wäre der Zusammenhang wiederhergestellt, und das Sopransolo stünde wie ein Altar genau in der Mitte des Werkes.

Brahms war noch auf der Suche nach einem eigenen Orchesterstil: *Was ich an Stiefel durchlaufen, um den berüchtigten Orgelpunkt zu finden* – er bedeutet *Gottes Hand* unter den Worten *Der gerechten Seelen* –, aber seine Chorsätze sind vollendet – hierin hatte er ja auch schon erhebliche praktische Erfahrung. Chorphrasen wie *Die mit Tränen säen, werden mit Freuden ernten* und *Ja der Geist spricht, dass sie ruhen von ihrer Arbeit* bleiben unvergesslich.

Die beiden Baritonsoli *Herr, lehre doch mich* und *Siehe, ich sage euch ein Geheimnis* lassen uns bedauern, dass Brahms keine Oper geschrieben hat – der *Tremendae*-Chor *denn es wird die Posaune schallen* steht in seiner Dramatik dem *Dies Irae* der Totenmesse nahe.

Ein Deutsches Requiem ist aber keine Totenmesse im kirchlichen Sinne; Brahms stellt sich zu den Leidtragenden *denn sie sollen getröstet werden* und trauert mit ihnen. In wohltuender Weise wird hier *deutsch* zum Synonym für *menschlich* – danke!

UA Bremen 1868, vollständig: Leipzig 1869

FRÉDÉRIC CHOPIN

ERSTES KLAVIERKONZERT

Das einleitende Tutti zum ersten Satz *Maestoso* enthält sein Reisegepäck. Was wird der Zwanzigjährige mitgenommen haben – aus Warschau nach Paris, aus behüteter, kränklicher Kindheit in das Abenteuer des freien Künstlerlebens?

Erstes Thema *risoluto* balladesk, pathetisch – eine Handvoll polnischer Erde, um die Heimat bei sich zu haben – und um seinen Sarg damit bestreuen zu lassen. Polen war verloren, war von der Landkarte verschwunden; es galt, in der Welt für die Heimat einzutreten. Beim Abschied ahnten alle, auch er selbst, dass es wohl ein Abschied für immer war.

Zweites Thema *espressivo* elegant, selbstbewusst – alles für den Auftritt auf dem Podium: schwarze Kleidung und weiße Seidentücher, um das schmale, von der geschwungenen Nase geprägte, vom braunen Haar verschattete Gesicht mit dem melodiösen Mund noch blasser erscheinen zu lassen.

Drittes Thema *cantabile* zart, melancholisch – ein paar Andenken: vielleicht das Bildnis seiner liebevollen Eltern, seiner fünfzehnjährig an Schwindsucht gestorbenen Schwester Emilie, oder das von Konstancja Gładkowska, einer nur flüchtigen Bekanntschaft. Das Tutti verklingt mit klagenden Terzenrufen – Küsse, Tränen, Winken – *smorzando* ersterbend ...

... und dann fängt Chopin an zu spielen – schlagartig sitzen wir aufrecht! Er gibt dem polnischen Thema rhythmische Prägnanz – und improvisiert sofort darüber. Er gibt dem Künstlerthema Grazie und Haltung – und brilliert sofort damit. Das andachtsvolle

Thema bekommt eine wunderbare Grundierung: das Gleiten der linken Hand über den weiten Tastenraum, der sich streckende Daumen – das ist hörbar, sichtbar und fühlbar die sehnsüchtige Seite der Romantik –, aber dann bricht es aus Chopin heraus, und wir erfahren deren andere, dämonische Seite: Hände und Handgelenke geraten in Ekstase, die Harmonik überschlägt sich, Schwindel fasst uns.

Dem ernsten *Maestoso* folgt eine intime *Romanze*. Die Vortragsanweisungen für den Pianisten sind extrem: *delicatissimo e legatissimo* – durch die neue Mechanik des Erard-Flügels und das Zusammenwirken der Pedale wurde das Klavier zum Instrument der Träume. Nach drei magisch modulierenden Takten träumt die Romanze in den Streichern weiter, das Klavier lässt die Sterne funkeln, bis *attacca* ...

... das *Rondo* zum Tanz lädt: ein *Krakowiak* mit Hacke! Spitze! Und herum! Das verwegene Seitenthema *leggiero* wird kastagnettenartig begleitet – und immer fliegen die Hände.

Ein aufwühlendes, beglückendes, bravouröses, sehr jugendliches Konzert!

UA Warschau 1830

Frédéric Chopin

ZWEITES KLAVIERKONZERT

Das Konzert in f-Moll wurde zuerst komponiert, das in e-Moll zuerst veröffentlicht – daher die vertauschte Zählung.

Das einleitende Tutti ist noch nicht zu Ende, da stürzen aus dem Diskant schon Dreiklangskaskaden herab, und das Klavier übernimmt die Führung. Zunächst hält es sich an das strenge Thema des Orchesters, als wollte es sich legitimieren, aber schon bald präsentiert es ein eigenes, melodiöses Thema und fantasiert ausschweifend darüber. Das empfindsame Seitenthema setzt die Bewegung nahtlos fort; später, in der Reprise verschmilzt es sogar mit dem Hauptthema. Die Dialektik der klassischen Sonatenform und der Dialog mit dem Orchester lagen dem Romantiker Chopin fern – seine Konzerte sind in sich versunkene Monologe des Klaviers vor dem staunenden Plenum des Orchesters, aber *was* für Monologe! Keine Nuance möchte man verpassen, jedes *con anima* (seelenvoll), *con abbandono* (hingebungsvoll), *con duolo* (schmerzvoll), *con forza* (kraftvoll) hat existenzielle Bedeutung. Der begleitende Orchesterpart ist wie beim e-Moll Konzert oft nur der Nachhall des Klavierklanges, doch es fasziniert, die vielen *rubati* (Tempofreiheiten) abzufangen – so habe ich es zuletzt vom japanischen NHK-Orchester erlebt, das den damals fünfzehnjährigen koreanischen Pianisten Seong-Jin Cho auf Händen trug.

Dem *Maestoso* folgt ein *Nocturne* mit einem hochdramatischen Rezitativ in der Mitte – wie eine Liebesklage an den Mond.

Als würden Elfen im Mondlicht tanzen, beschließt ein schneller französischer *Valse* in nachthellem, wolkenlosem f-Moll das

Konzert; ab der Coda blasen die Hörner in F-Dur zum Sturm auf die Tastatur – gewaltige harmonische Schübe und glitzernde Akkordfontänen küren den Sieger: Chopin!

Chopin ist der polnische Nationalkomponist, aber wie spricht man seinen Namen aus? Mutter Justyna war Polin, Vater Nicolas Franzose – seinem kosmopolitischen Wesen angemessen wäre: französisch im Klang, polnisch in der Betonung. In Chopin mischen sich polnische Leidenschaft und französische Eleganz, italienische melodische Verve (er liebte Bellinis lange Melodien) und deutsche kontrapunktische Akribie (er pflegte sich mit Bach einzuspielen) zu einer europäischen Künstlerpersönlichkeit.

Seine Hände waren groß, schlank, schnell – und schwach: *Ich liebe meine Stücke, wenn Liszt sie spielt* bekannte er, doch Heine urteilte: *Liszt ist der größte Pianist, aber Chopin ist der einzige.*

Als geniale Jugendwerke eignen sich Chopins Klavierkonzerte ideal für Wettbewerbe – auf dem Podium sind dann die jugendlichen Genies unter sich!

UA Warschau 1829

Claude Debussy

PRÉLUDE À L'APRÈS-MIDI D'UN FAUNE

Stille. Das Publikum lauscht. Orchester und Dirigent warten. Fast unmerklich beginnt eine Flöte, *doux et expressif (zart und ausdrucksvoll)* zu spielen: ein langer, schläfriger Ton, dann eine seufzende Kaskade – und noch einmal. Ein Faun, im Schilf versteckt, bläst auf seiner Syrinx und verzaubert uns – wohin? Ein heißer Nachmittag in der Antike. Sein Spiel wird aufmerksam, hell und bricht ab: zwei schimmernde Harmonien (Holzbläser, dann Streicher) – sind das Nymphen dort am Bach? – das Schilf rauscht (Harfenglissando), ein leiser Lockruf (Hörner), Stille.

Ein Faun ist in der griechischen Mythologie der Inbegriff männlicher Wollust: halb Mensch, halb Bock. Nymphen sind der Inbegriff weiblicher Verführung: stets nah, stets nackt. Die Götter passen auf, dass der Faun die Nymphen nie erreicht. Aus einer in ein Schilfrohr verwandelten fliehenden Nymphe schafft sich der Faun seine Syrinx und spielt ... somit wäre Musik in klingende Sehnsucht verwandelte Begierde – eine interessante Definition, so alt wie wahr und sehr französisch!

Das Syrinxthema ist Probespiel-Pflichtstück für jeden Soloflötisten. Es muss in tonlich vollendeter Schönheit Kühle und Wärme, Traum und Sehnsucht ausdrücken.

Die schimmernden Harmonien treten – wie gleich zu Beginn – immer paarweise auf: cis-Moll mit ais als Reizton mutiert zu B-Dur mit as als Reizton. Unser Ohr erlebt diese Akkordfolge wie eine Bodenwelle beim Fahren: das harmonische Gleichgewichtsorgan wird stimuliert, uns schwindelt lustvoll, und wir wissen: Das ist Debussy!

Das auslösende Gedicht von Stéphane Mallarmé ist ein Wortschwall von einhundertzehn Zeilen – heute nennt man das Rap. Die erste Zeile verbeugt sich noch als griechischer Hexameter vor Homer: *Singen will ich sie, die Nymphen meiner Träume,* aber schon die zweite Zeile schwelgt in impressionistischem Symbolismus: *schimmernde Leiber wie Rosenduft in schlummersatter Nachmittagsluft.* Nach der Uraufführung schrieb Mallarmé an Debussy: *Ihre Illustration bildet keine Dissonanz zu meinem Text, sie übertrifft ihn wahrlich eher an Sehnsucht und Licht mit ihrer Feinheit, ihrer Schwermut und ihrem Reichtum.*

Höhepunkt: Die polyrhythmische Des-Dur-Episode. Die ausgreifende Streichermelodie balzt im 3/4-Takt, die Harfen rauschen und streicheln im 3/8-Takt, die synkopischen Bläser stöhnen im 2/8-Takt. Unser rhythmisches Gleichgewichtsorgan lässt uns vor Wonne taumeln! Und jetzt wird es plastisch: Der Faun lauert im Gebüsch, stürzt hervor, die Nymphen fliehen lachend, Wasser platscht ... ein wenig klingt es wie die Flucht der Ente vor dem Wolf bei Prokofieff – hat der schelmische Russe da in seinem Kindermelodram bewusst (und natürlich jugendfrei!) Debussy parodiert?

Als der Faun schließlich erschöpft einschläft, erglänzen ein paar Tröpfchen Glücksschweiß auf seiner gelockten Brust – Debussy setzt hier genial, poetisch und lasziv zwei *Cymbales antiques ein* – wunderbar zarte, helle Glöckchen. Diese sollten beim E-Dur-Schlussakkord nicht abgedämpft werden, sondern in der Seele des verzückt träumenden Publikums noch lange nachklingen.

Man sagt gern, dass mit diesem kammermusikalischen, zehnminütigen Prélude die moderne Musik begonnen hätte – ohne Frage spielten Pariser Cafés dabei eine zentrale Rolle.

UA Paris 1894

Claude Debussy

PELLÉAS ET MÉLISANDE

Vier ruhige, naturhafte Takte (archaische Diatonik), zwei unruhig schwankende Takte (ganztönige Clusterbildung), ein Takt wie ängstliches Horchen (nachklingender Tritonus) – vom ersten Ton an geraten wir in den Bann des Symbolismus: die Natur ruht in sich, nur der Mensch ist unruhig, in der Natur und sich selbst fremd. Schon die ersten Worte Golauds hallen vieldeutig nach: *Niemals finde ich hinaus aus diesem Wald!* Er hat auf der Jagd seine Beute verloren, stattdessen findet er an einer Quelle ein weinendes Mädchen.

G: *Wo kommt ihr her?* M: *Ich bin verirrt.* G: *Kommt mit mir …*

M: *Wo geht ihr hin?* G: *Das weiß ich nicht … denn auch ich bin verirrt …*

Das Drama von Maurice Maeterlinck besteht überwiegend in andeutenden Ausrufen und offenen Sätzen.

Die Genealogie der Figuren ist verwischt: Golaud herrscht als König in Allemonde anstelle seines kranken Vaters, der nie in Erscheinung tritt, aber um seine nachträgliche Einwilligung in die Heirat Golauds mit Mélisande (dem fremden Mädchen) gebeten werden muss. Seine Großeltern sind der weise Arkel *wäre ich Gott, ich hätte Mitleid mit den Menschen* und die sanfte Geneviève. Von seiner verstorbenen ersten Frau hat Golaud einen kleinen Sohn Yniold (Sopran oder Knabensopran). Und dann ist da noch sein jüngerer Halbbruder Pelléas, ein Träumer und Schmetterling. Bahnt sich etwas an zwischen ihm und Mélisande? Beim Spaziergang im Park spielt sie mit ihrem Ehering und verliert ihn im Brunnen. Da sie vorgibt, ihn in der Meeresgrot te verloren zu haben, zeigt Pelléas ihr diese, dort erschrecken sie vor schlafenden Bettlern – vor der ausgeblendeten Wirklichkeit. Golaud seinerseits zeigt Pelléas die Zisterne des Schlosses und zwingt ihn, hinunterzuschauen – in den Abgrund des brüderlichen Verrates. Kurz darauf beobachtet Golaud, wie Mélisande ihr langes goldenes Haar aus dem Turmfenster herablässt und Pelléas es küsst. Beim abendlichen Treffen mit seinem Sohn hebt Golaud wie ein Teleskop Yniold hoch, damit er in Mélisandes Zimmer sehen kann. Mélisande ist schwanger; Pelléas muss das Schloss verlassen. Beide nehmen Abschied im nächtlichen Garten, da hören sie, wie das Tor verriegelt wird. Golaud lauert mit entblößtem Degen. Als beide sich leidenschaftlich umarmen, ersticht er Pelléas. Mélisande stirbt im Kindbett ihrer Tochter: *nun ist die Reihe an der Kleinen.*

Debussy sucht bewusst die Abgrenzung zu Wagner: Wagners Orchester ist aufdringlich, Debussys diskret. Wagners Gesangsstil ist pathetisch, Debussys deklamatorisch, meist in mittlerer Lage gehalten – alle Personen scheinen zu flüstern. Der Orchesterpart ist so dezent, dass die Sänger ihn von der Bühne aus kaum wahrnehmen. Der Dirigent muss diese atmosphärisch-impressionistische Partitur mit wacher Kontrolle dirigieren, sonst reißt der Faden.

Pelléas und Mélisande lebt vom Klang der französischen Sprache, die gesungen (durch die dann klingenden Nachsilben) besonderen Reiz entfaltet. Heutzutage helfen Übertitelungsanlagen in den Theatern über die Gefahr der Langeweile mangels Textverständlichkeit hinweg. Seinerzeit habe ich – ermutigt durch mein Ensemble – eine genaue deutsche Übersetzung des Textes auf die Musik gelegt (unter Änderung von Notenwerten): Plötzlich erlebten wir ein beklemmendes, packendes Psychodrama – den Anbruch der Moderne aus dem *fin de siècle.*

Die Abschiedsszene wird eingeleitet vom spielenden Yniold, der mit einbrechender Dunkelheit Lebensangst bekommt. Seine flehenden Worte im Ablaufen *ich möchte irgendetwas sagen zu irgendwem* überstrahlen die ganze folgende Tragödie – wie der helle Fleck mit dem Kind auf der Rembrandt'schen Nachtwache – eine schmerzhaft geniale Idee!

UA Paris 1902

CLAUDE DEBUSSY

LA MER

Die französischen Impressionisten kultivierten das Malen vor der Natur; Atelierlandschaften verachteten sie. Debussy dagegen fuhr nicht ans Meer, um *La Mer* zu komponieren, sondern suchte die Berge auf. *Sie werden sagen,* schrieb er seinem Verleger, *dass der Ozean nicht gerade die Rebenhügel der Bourgogne umspült und dass die Sache wie eine Atelierlandschaft ausfallen könnte, aber ich habe viele Erinnerungen. Das taugt meiner Ansicht nach mehr als eine Realität, deren Zauber im allgemeinen zu schwer auf unseren Gedanken lastet.*

De l'aube à midi sur la mer (das Meer von morgens bis mittags) beginnt *très lent (sehr langsam)* aus dem Nichts – keine Wellen wogen, keine Winde wehen. Land und Lebewesen existieren nicht. Allein das Wort Meer entwickelt klingend seine Dimensionen.

Meer bedeutet Tiefe: Tiefe Pauken, Bässe und Harfen legen den Grund.

Meer bedeutet Weite: Hohe Violinen markieren den weiten Horizont.

Meer assoziiert Himmel: Ein mysteriöser Weckruf der Holzbläser, dann *expressif et soutenu (ausdrucksvoll und getragen)* ein langes, sehnsüchtiges Trompetensignal, vom *Cor anglais* eine Oktave tiefer gespiegelt – das erste, blasse Morgenrot schimmert über der schwarzen Wasserfläche ... schon ist die Erinnerung wach und schafft – ohne *zu schwer auf unseren Gedanken zu lasten* – von morgens bis mittags bei steigender Sonne immer farbigere, lebhaftere Bilder.

Jeux de vagues (Wellenspiele) – mit der anspruchsvollen Anweisung *dans un rythme tres souple (in sehr geschmeidigem Rhythmus)* – ist tanzender musikalischer Pointillismus pur – wie auf den lichtdurchfluteten impressionistischen Gemälden. Die aquarellhaft transparente Instrumentation – mit glitzerndem Glockenspiel – fordert von Holzbläsern und Violine virtuose Soli. Der fließende Dreiertakt ergießt sich mal als Menuett, als Boléro oder als Gique. Die ganztönig schwimmende Harmonik suggeriert: Wasser hat keine Balken.

Jetzt aber, im *Dialogue du vent et de la mer (Dialog von Wind und Meer)* wogen die Wellen und wehen die Winde! Hier ist das Ziel der Sehnsucht: das Trompetensignal vom Beginn triumphiert, zwei kleine strahlende *Cornets* assistieren ihm. Die entfesselten Elemente haben sich einiges zu sagen! Dem Toben aus der Tiefe antwortet ein Heulen aus der Höhe – welch eine grandiose Begegnung: *animé et tumultueux (begeistert und wild)* ... galt dem Tumult die heimliche Sehnsucht der sensiblen Impressionisten?

Mit Bedacht wählte Debussy als Bild für den Umschlag der Partitur die große Welle von Hokusai – das kenternde Boot und den rauchenden Fuji-San ließ er retuschieren: Schicksal und Heimat kennt das Meer nicht. Und wie der japanische Meister geduldig an seinem Holzschnitt der ästhetischen, mörderischen Welle gearbeitet hatte, feilte Debussy zwei Jahre an den drei Sätzen, die er ironisch untertreibend *trois esquisses symphoniques (drei sinfonische Skizzen)* nannte. *La Mer* ist vom ersten bis zum letzten Takt eine einzige, einzigartige Welle: perfekt, ästhetisch – und mörderisch. Schon die Beteiligten der Uraufführung gingen kläglich darin unter.

UA Paris 1905

ANTONÍN DVOŘÁK

SIEBTE SINFONIE

Glücklich schrieb Dvořák seinem Verleger Simrock, dass *in unserer Familie wieder ein neues Opus (ein Bube) mehr ist! Eine neue Sinfonie und ein Bube dazu! Was sagen Sie zu dieser schöpferischen Kraft?* Simrock reagierte dünnlippig, aber der bescheidene Dvořák – im Bewusstsein seines wachsenden Ruhmes – setzte seine Honorarforderung durch.

Heutige Komponisten können von 6.000 Mark Honorar nur träumen – wir müssen vielmehr die Drucklegung selbst finanzieren und haben dafür einen Anspruch auf lächerliche 5% jedes verkauften Exemplares – ein Bubenstück von Übervorteilung der Künstlerschaft.

Die Siebte – Auftragswerk der Londoner Phiharmonic Society, die seinerzeit die Neunte bei Beethoven bestellt hatte – ist kein Bubenstück, sie ist ein Prachtstück slawisch-romantischer Sinfonik. Innerlich ist sie ein Werk der Verehrung Dvořáks für seinen Gönner, Mentor und kompositorischen Ziehvater Johannes Brahms. Dieser hatte ihm erwartungsvoll hinter die Ohren geschrieben: *Ich denke mir Ihre (nächste) Sinfonie noch ganz anders als die vorige.* Außerdem hatte der acht Jahre Ältere ihm seine neue (dritte) Sinfonie am Klavier vorgeführt. Darin hatten es besonders die rhythmischen Gruppierungswechsel innerhalb des 6/4-Taktes, ständig zwischen 2x3 und 3x2 spielend, Dvořák angetan – kannte er doch diese Wechsel aus seiner heimatlichen Folklore.

Diese Gruppierungswechsel stellen bis heute Dirigent und Orchester auf die Probe, weil hier gleich lange Takte mal in Zwei und mal in Drei geschlagen werden müssen. Bei Vordirigaten werden die Kopfsätze beider Sinfonien gern aufs Pult gelegt, denn die Musiker wollen wissen: Weiß er sich zu helfen? Kann er uns helfen?

Das über leisem Paukenwirbel raunende, balladeske Hauptthema des ersten Satzes verspricht eine dramatische Entwicklung – diese lässt nicht lange auf sich warten! Das schwingende, lyrische Seitenthema grüßt Brahms mit einem liebevollen Zitat aus dessen zweitem Klavierkonzert (Brahms selbst zitiert darin sein Lied *Immer leiser wird mein Schlummer*).

Zum zweiten Satz Andante bekannte Dvořák: *Bei dieser Arbeit war ich wieder so glücklich, möge Gott geben, dass es so bleibt.* Auch hier gibt es eine Analogie zum zweiten Satz der Dritten von Brahms – klang die intime pianissimo-Episode dort resignativ, so klingt sie hier demütig.

Das Scherzo – ein Furiant – macht ihm keiner nach! Und wieder fasziniert der ständige tänzerische innere Taktwechsel, als wollte Dvořák Brahms zurufen: Willkommen in Böhmen!

Im Finale geht es wild zu: Das Hauptthema braust cholerisch auf, das Seitenthema weiß sich vor Überschwang kaum zu lassen. Auch ein Choralthema – wie im Finale der Dritten von Brahms – wirkt mit, freilich nicht in der zynischen Funktion wie bei Brahms. Sogar auf dessen Erste Sinfonie spielt Dvořák an (die stampfenden Punktierungen) – und bleibt dabei immer er selbst.

Nach einer gewaltigen Schlusssteigerung – ein wahres Bubenstück schöpferischer Kraft – erstrahlt Dvořáks Wahlspruch: *Gott, Liebe, Vaterland – nur das führt zu einem glücklichen Ziel!*

UA London 1885

Antonín Dvořák

ACHTE SINFONIE

Zu Anfang eine lang gezogene Melodie (18 Takte) in hymnischer Tenorlage (geradezu nach Worten verlangend!), harmonisch von g-Moll bis Des-Dur (der größten diatonischen Spannweite) ausschlagend, klanglich wie ein leuchtender Regenbogen: mit dem Rot der Celli, dem Gold der Hörner, dem Blau der Klarinetten und dem Grün des Fagotts. In einer geradezu die Hände faltenden Kadenz wird die eigentliche Tonart (G-Dur) des ersten Satzes erreicht, und das rhythmische Hauptthema (Flöte) schwingt sich wie ein Vogel in die Morgenluft.

Musiker und Publikum liebten die Achte von Anfang an, Fachleute (selbst Brahms) rümpften die Nase: Darf eine Sinfonie so schön anfangen?

In der Reprise des ersten Satzes erschallt der Eingangshymnus in den Trompeten, als würden (wie bei Michelangelo) Engel ihn durch stürmische Wolken blasen, der Weltenrichter erscheint in strahlendem G-Dur, und aus der Tiefe klagt das vogelartige Hauptthema (Englischhorn) langsam und leise, wie eine vergessene Seele – drei berührende Takte als Mittelpunkt des Satzes.

Musik soll immer freudig sein, auch wenn sie tragisch ist, sagte Bohuslaw Martinů über Dvořák, *glücklich, wer ein solches Erbe hinterläßt.* Der zweite Satz *Adagio* ist zugleich tragisch und freudig: Die seufzenden Terzen der Klarinetten über abgründigen Harmonien und der dramatische Ausbruch der Hörner stehen für das Tragische, das kammermusikalische Idyll, gipfelnd in dem überschwänglichen Violinsolo, steht für das Freudige.

Der dritte Satz *Allegretto grazioso* ist ein intimer Walzer, sein Trio hat eine bezaubernde Weise, die mit ihren zarten Glissandi dem Hörer immerfort die Wangen streichelt.

Festliche Trompeten blasen mit einer opernmäßigen Fanfare zum Finale. Dieses setzt an zu Thema mit Variationen, doch dann tobt ein slawischer Tanz los (im Grunde auch eine Variation). Dessen Trio (mit berserkerhaft polternden Posaunen) weitet sich zu einer Durchführung. Die Trompetenfanfare – jetzt in glänzendem orchestralen Gewand – ruft die Reprise aus. Die Variationen werden fortgesetzt, steigern sich aber nicht (wie zu Beginn), sondern werden immer träumerischer und scheinen die Sinfonie zu vergessen – dann fegt der slawische Tanz mit turbulenter Schlusssteigerung alles vom Tisch.

Für mich persönlich ist die Achte mit einem Namen verbunden: Ich hörte sie als Schüler zum ersten Mal im NDR-Konzert unter dem jungen István Kertész. Er dirigierte mit Freude und zur Freude von Orchester und Publikum. Kurz darauf starb er bei einem tragischen Unfall.

Wenn man die Bilder der angestrengten Siebten und der entspannten Achten übereinanderlegt und mit dem geistigen Auge durchleuchtet, erahnt man die Konturen der Neunten *Aus der Neuen Welt* – welch eine großartige Entwicklung!

UA Prag 1890

Antonín Dvořák

NEUNTE SINFONIE

Aus der Neuen Welt

1891 erhielt Dvořák ein Telegramm: Mrs. Jeanette M. Thurber, Millionärin und Gründerin des New York National Conservatory, lud ihn ein, für 15.000 Dollar acht Monate *in der Neuen Welt* zu leben, um Amerika den Weg zu einer eigenen Musik zu weisen. Ein naiver Gedanke – mit Folgen. Dvořák kam, studierte Musik von Indianern und Schwarzen, las und reiste. Erstes künstlerisches Ergebnis war seine Neunte Sinfonie, der er den Titel *Aus der Neuen Welt* gab. Die Uraufführung in der Carnegie Hall begründete ihren Ruhm.

Ist die Sinfonie amerikanisch oder ist sie tschechisch? Sie ist Dvořák und ist Weltmusik, populär und großartig. Wenn Alte und Neue Welt so harmonierten wie in ihr, gäbe es Frieden.

Die Musik beginnt erwartungsvoll und leise – wie der Morgen, an dem die neue Welt auftauchen soll. Vier unvermittelte Salutschüsse signalisieren: Land in Sicht! Für heutige Ohren wirken diese brutalen Takte, als würde nicht nur die Freiheitsstatue (sie grüßte seit sechs Jahren), sondern gleich das ganze schreckliche 20. Jahrhundert mit auftauchen.

Hauptthema des ersten Satzes (Hörner) und Seitenthema (Flöte-Solo) haben den gleichen synkopischen Rhythmus (scotch snap), liegen aber weit auseinander. Dazwischen ist die Musik unterwegs wie auf der Suche nach sich selbst.

Die geheimnisvollen Einleitungsakkorde zum zweiten Satz *Largo* haben verwandelnde Funktion: Wir werden abgeholt in

E-Dur und landen in Des-Dur. Die vom Englischhorn vorgetragene Weise dieser Nachtmusik unter dem Sternenbanner einer neuen Welt ist von bewusstlos träumender Schönheit. Im Mittelteil klingen Gospel und Spiritual an. Plötzlich zwitschern die Holzbläser, die Sonne geht auf, und das Bewusstsein erwacht: Die Themen des ersten Satzes bringen sich in Erinnerung.

Das hier gefundene Prinzip der erinnernden Überleitung behält Dvořák bei: Den Abgrund zwischen dem wilden, befremdlichen Scherzo (als wenn Indianer Furiant tanzen) und seinem sanften, traulichen Trio (eine Soudska mit schmucken Triangeltrillern) überbrückt das Hauptthema des ersten Satzes, in der dramatischen Coda bereitet es den Ernst des Finales vor.

Die Sinfonie leidet häufig unter einem fragwürdigen Aufführungsstil: Er ist dann am Werk, wenn jedes *crescendo* mit einem *accelerando* und jedes *diminuendo* mit einem *ritardando* einhergeht, wenn man beim *forte* nur die Blechbläser hört, und wenn *reisen* mit *rasen* verwechselt wird.

Das Finale *ist* eine Reise – mit der Dampfeisenbahn. Das Schnauben und Zischen beim Anfahren, das Stampfen bei Steigungen, das Hochgefühl bei freier Fahrt – alles wird hier zu einer musikalischen Lebensreise. Die Themen aller Sätze sind ständig präsent – wie die Erinnerungen bei alten Menschen. Die grandiose Reprise wirkt wie das Einfahren in die Endstation. Lebenssattheit, Wehmut und Todesahnung breiten sich aus. In einer äußersten Anspannung werden die Hauptthemen und die geheimnisvollen Akkorde des *Largo* in harmonischer Kühnheit aufeinandergetürmt, dann endet die Sinfonie in warmem Abendrot. Der Schlussakkord mit seiner bis zum Horizont verklingenden Fermate stellt das Orchester auf eine letzte Bewährungsprobe.

Ein weiser, friedliebender Schluss – zwar wurden in Amerika die Indianer vertrieben und ausgerottet, die Schwarzen eingeschleppt und versklavt, doch das ist eine andere Geschichte ... in Dvořáks Sinfonie ist die Neue Welt eine schöne Neue Welt und klingt sehr tschechisch.

UA New York 1893

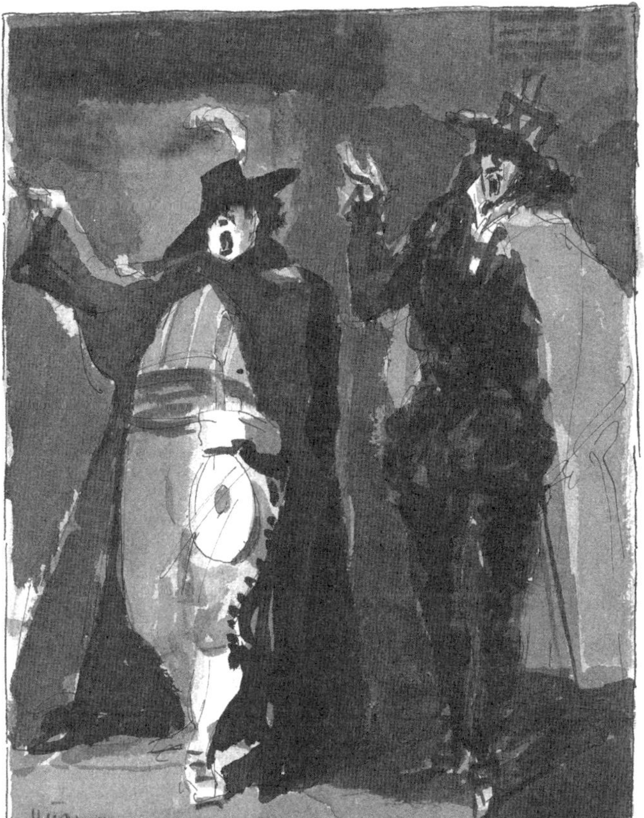

Antonín Dvořák

VIOLINKONZERT

Es gibt Werke, in denen alle Einzelheiten stimmen, die dennoch als Ganzes nicht stimmig sind.

Dazu gehört das Violinkonzert, das Dvořák mit 38 Jahren auf Wunsch seines Verlegers schrieb. Er zog den berühmtesten Geiger seiner Zeit zurate, der die erste Niederschrift förmlich zerriss: *Nicht einen Takt habe ich behalten,* gestand Dvořák. Um die endgültige Fassung wurde zwei Jahre gerungen; das Ergebnis war perfekt, aber bezeichnenderweise hat Joseph Joachim das ihm gewidmete Konzert nie gespielt.

Der erste Satz ist eine Fantasie über ein balladeskes, einprägsames Thema. Man erkennt eine Dreiteiligkeit: Der ruhige Mittelteil ist ein zarter, improvisierender Tanz mit schmeichelnden Sexten.

Der unmittelbar anschließende zweite Satz ist eine breit angelegte Romanze über ein liedhaftes Thema. Man erkennt auch hier eine Dreiteiligkeit: Der bewegte Mittelteil (mit sperrigen Oktavgriffen) hat rezitativische Dramatik. Nach einem mahnenden Trompetenruf sucht die Musik den Weg zurück.

Das Finale ist ein Sonatensatz mit Hauptthema (Furiant) und Seitenthema (Walzer), trägt aber durch Coupleteinlagen und Themaritornelle rondoartige Züge und weist außerdem durch einen Mittelteil in anderem Takt und Tempo (Dumka) Dreiteiligkeit auf – eine sehr komplexe Form, zusammengehalten durch die unentwegt virtuos aufspielende Solovioline.

Alle Sätze, Teile, Themen und Übergänge sind stimmig – worin liegt die Unstimmigkeit des Ganzen? Warum wurde und wird dem Violinkonzert nicht der höchste Rang zuerkannt?

Wir wissen nicht um die Anteile der beiden Schöpfer, aber mein Eindruck ist: Die Themen in ihrer Einfachheit und der Orchesterpart klingen nach Dvořák, der Solopart in seiner technischen Glattheit klingt nach Joachim. Das Eingangsthema der Solovioline hat slawisches Temperament, aber die folgende Kadenz bis zur Fermate auf dem höchsten E ist reiner Leerlauf. Andererseits sind Dvořáks Formvorgaben wenig zielstrebig – da konnte Joachim schon unruhig werden und nach Betätigung verlangen: gebrochene Dreiklänge (wie bei Beethoven), Passagen (wie bei Mendelssohn) und Oktaven (wie bei Brahms) – ein eigener Stil fehlt dem Solopart. Nichtsdestotrotz: Die Fantasie hat Charakter, die Romanze berührt, und die kaleidoskopartigen Wechsel der Tanzgestalten im Finale faszinieren.

Vielleicht mangelte es bei der Zusammenarbeit zwischen beiden Künstlern an dem, was man schlicht und einfach Freundschaft und Liebe nennt.

UA Prag 1883

Antonín Dvořák

CELLOKONZERT

Wir Dirigenten glauben gern, aus Einleitungen von Solokonzerten eine Sinfonie machen zu sollen. Diese haben aber nur vorbereitende Funktion; es soll durchaus das Gefühl aufkommen, dass etwas oder jemand fehlt, so auch hier:

Das lakonische Hauptthema (Klarinetten, Fagotte) zitiert das bitter klagende Baritonsolo aus dem Requiem von Brahms: *Siehe, meine Tage sind (gleich) einer Hand breit vor dir* (Psalm 39). Das sich daraus entwickelnde erste Tutti ist ernst und zäh. Das romantische Seitenthema (Horn) klingt tröstlich, aber das folgende zweite Tutti ist knapp und routiniert; schnell sinkt es in sich zusammen.

Dann aber: Plötzlich bebt die Erde (Paukengrollen), und in blau-silbernes Sternenlicht getaucht (H-Dur-Akkord der Posaunen, dramatisches Streichertremolo) erscheint der Magier. Das Solocello setzt ein und beginnt sofort, mit dem Hauptthema zu zaubern (improvisando); alle im Saal – auch der Solist – sind im Bann!

Dvořák konnte keine Opern schreiben? Dies ist ein Opernauftritt par excellence, vergleichbar dem der *Königin der Nacht* oder dem der irrlichternden *Rusalka*.

Wessen Herz voll ist, dessen Mund geht über: Gelegentlich muss der Dirigent darauf achten, die leuchtenden Farben des groß besetzten Orchesters zu dämpfen, denn das Cello ist zwar ein leidenschaftliches, aber eigentlich zartes Instrument – wie meinte Dvořák? *Oben näselt es, unten brummt es ...*

Das Cellokonzert ist die reifste Frucht von Dvořáks amerikanischen Jahren – und eines der beliebtesten Konzerte überhaupt. Der erste Satz hat verkürzte Sonatenform (es fehlt die Reprise des Hauptthemas – zwangsläufig, denn der erste magische Auftritt lässt sich nicht wiederholen), der zweite Satz ist liedförmig – mit einer vom Orchester begleiteten poetischen Kadenz, der dritte Satz beginnt als schwungvoller slawischer Tanz, löst sich aber am Ende in einer langen, wehmütigen Fantasie völlig auf. Krankheit und Tod seiner Schwägerin – als junger Mann hatte er um ihre Hand angehalten – führten dazu, dass Dvořák den Schluss um sechzig Takte erweiterte: eine immer stiller werdende Trauermusik, darin – als Violinsolo – das Zitat des Liedes *Laßt mich allein,* das er einst für sie geschrieben hatte.

Kompositionen, die vom Leben – oder vom Tod – berührt wurden, eignet eine besondere innere Schönheit und Wahrheit. Das feierlich einsetzende, dann beschleunigende Nachspiel gibt dem Hörer Zeit, aus tiefen Gedanken aufzutauchen.

UA London 1896

Antonín Dvořák

RUSALKA

Als *lyrisches Märchen* bezeichnet der Komponist seine Oper, aber schon die ersten Takte des Vorspiels weisen auf einen wichtigen Zusatz hin: Märchen für Erwachsene. Mit wahrer Inbrunst – und großer Naivität – gestaltet Antonín Dvořák den *Rusalka*-Stoff zu einem musikalischen Gleichnis für das schuldhaft zerstörte Verhältnis des Menschen zur Natur.

Bezeichnend ist der Standpunkt, der dem Zuschauer und -hörer angewiesen wird: Wir erleben das Geschehen nicht aus der Sicht der Menschen, sondern aus der Sicht der Naturwesen, des Wassermanns, der Nixen und Elfen. Wie die Menschenwelt darüber denkt, erfahren wir aus Volksmund in dem geheimnisvollen Jägerlied im ersten Akt, in der intermezzoartigen Szene des Hegers mit dem Küchenjungen zu Anfang des zweiten Aktes und anlässlich des Bittgangs beider zur Zauberin im dritten Akt, für den sich der Küchenjunge die Ereignisse zu einer schaurigen Ballade zurechtgelegt hat.

Während es in der Menschenwelt auch musikalisch sehr frei zugeht, ist die Naturwelt kompositorisch genau bestimmt: Da gibt es Sumpflaute, geisterhaft lachende Akkorde für Nixen und Zauberin, sorgende, warnende, drohende und fluchende Gesten für den Wassermann. Obwohl der Einfluss Richard Wagners auf den Opernkomponisten Dvořák spürbar ist, sollte der Größen- und Bedeutungsunterschied zwischen diesen musikalischen Gesten und den Leitmotiven im Wagner'schen Musikdrama nicht übersehen werden: Dvořáks dramatisch anspruchslose, musikalisch aber meisterhafte Motivik steht der sinfonischen Kompositionsweise Beethovens und Brahms näher als dem psychologischen Symbolismus Wagners.

Dass Dvořák nie den *absoluten* Komponisten verleugnet, zeigt sich beispielsweise in seiner Musik zu den beiden Elfenszenen, die nach anfänglich impressionistisch-luftigen Klängen bald zu zündenden (und für Feenwesen erstaunlich handfesten) *slawischen Tänzen* übergeht.

Die aus den gleichen motivischen Quellen immer frisch entspringende *Wassermusik* zusammen mit der Rusalka stets begleitenden Harfe und den häufig wiederkehrenden Klagerufen des Wassermanns ergeben das formale Grundmuster, aus dem der musikalische Teppich gewebt ist. Ariose Formen wie *das Lied an den Mond* bilden die dunklen, Festmusik und ausführliche Zwischenspiele in leuchtenden Orchesterfarben die hellen Flächen. Der Grundton ist spätromantisch-sinfonisch mit folkloristischem Einschlag. Durch das ganze tönende Gewebe aber zieht wie ein goldener Faden die Weise von der Sehnsucht Rusalkas, ein Thema *märchenhafter* musikalischer Lyrik.

UA Prag 1901

Geschrieben unter dem Titel *Zur musikalischen Gestalt der Rusalka* für das Nationaltheater Mannheim zur Premiere 1976.

NB. *Unvergesslich* sind mir die großen Oboensoli dieser Oper in der Ausführung durch Helmut Schützeichel geblieben, besonders die klagende E-Dur-Episode im dritten Akt: Wie in Trance lehnte er sich zurück, richtete seine Oboe empor und gestaltete die Phrase auswendig, während das ganze Orchester und ich ihm gebannt folgten.

César Franck

SINFONIE D-MOLL

Musik war im Frankreich des 19. Jahrhunderts fast immer mit Text verbunden: als Oper, die einen Text dramatisiert, als Oratorium, das einen Text illustriert, oder als sinfonische Dichtung, die einen Text nachempfindet. Absolute Musik – Sinfonik und Kammermusik – bewunderte man an den Wiener Klassikern (vor allem an Beethoven), aber kaum ein französischer Komponist fühlte sich davon inspiriert. Doch auf einmal versuchte ein fünfundsechzigjähriger Pariser Organist, sich selbst und der Öffentlichkeit bewusst zu machen, was verpasst worden war. César Franck, ein weißhaariger Backenbart mit schwarzen Augen und riesigen spinnenfingerigen Händen, der wie besessen durch Paris zu irren pflegte, wenn er eine neue Akkordverbindung gefunden hatte, begann plötzlich, lauter meisterhafte Spätwerke zu schreiben: die Violinsonate, ein Streichquartett, drei Orgelfantasien und seine einzige *Sinfonie in d-Moll.* Diese krönt sein Lebenswerk und ist klanglich eine Hommage auf das Instrument seines Lebens: die Orgel von Sainte Clotilde.

Der erste Satz ist doppelgesichtig: *Lento* und *Allegro non troppo* in mehrfachem Wechsel. Im *Lento* zeigt sich das *d-Moll* Hauptthema (tiefe Streicher) ernst und ruhig – ein Orgel*pedal*-Thema im *legato* der Füße. Die erst im dritten Takt einsetzende harmonische Deutung ist eine Orgel*manual*-Kadenz in registerartiger Instrumentierung: Oboen und Englischhorn führen, Klarinetten und Fagott laufen eine Oktave tiefer als schattenartige *Koppelung* mit. Im *Allegro non troppo* zeigt das Hauptthema (alle Streicher) sein dramatisches Gesicht; die Kadenz-Akkorde (Tutti wie *volles Werk*) werden auseinandergerissen – man glaubt sie durch das Kirchenschiff hallen zu hören! Auch das Seitenthema hat zwei Gesichter: Sein erstes betet, bittet, fleht (Streicher), sein zweites lacht, strahlt, verlockt (Trompeten über Tutti).Warnung: Dieses Thema ist ein entsetzlicher Ohrwurm!

Der zweite Satz *Allegretto* entwickelt zwei Charaktere: Eine Trauermusik wandelt sich in ein Scherzo. Die klagende, von weichen Harfenakkorden getragene *b-Moll*-Englischhorn-Melodie ist ein unvergessliches *memento mori*. Ab seiner Mitte hellt sich das Gesicht des Satzes auf: Spukhafte Streicherfiguren und ein sehnsüchtiges Klarinettensolo suggerieren, dass hier zwei Sätze in einem vereinigt sind – der folgende dritte Satz wäre somit eigentlich der vierte.

Der erste Satz der Sinfonie wird meistens, der letzte immer zu schnell gespielt! Dieses *Allegro non troppo* ist keine Kampfansage; hier waltet das Glücksgefühl später schöpferischer Souveränität. Das *mezzoforte dolce cantabile* Hauptthema (Fagotte, Violoncelli) aalt sich wie ein Salamander in der Wärme des D-Dur-Akkordes. Das ebenfalls *dolce cantabile* bezeichnete Seitenthema zeigt wieder farbige Orgel-Registrierung: Vordersatz in den Blechbläsern, Nachsatz in einer *Mixtur* aus Holzbläsern und Streichern (wie mit *Manualwechsel*).

Ab der Durchführung öffnet sich die sinfonische Form: die klagende Englischhorn-Melodie des zweiten Satzes wird einbezogen. Als Höhepunkt erscheint in der Reprise das *memento mori* in der Haupttonart *d-Moll*. Dann geht der Blick zurück bis zum Anfang der Sinfonie, der in endgültigem D-Dur die Coda begründet, von sanften Harfenarpeggien flankiert. Über einem mitwachsenden grandiosen Orgelpedal-Ostinato steigert sich die Musik bis in goldenen Abendsonnenglanz – eine leider einzige, aber einzigartige Sinfonie!

UA Paris 1888

Umberto Giordano

ANDREA CHÉNIER

Musikalisches Drama mit geschichtlichem Hintergrund

1789. Schlossfest in der französischen Provinz. Beunruhigende Nachrichten aus Paris. Der junge Dichter André Chénier empört die Anwesenden durch einen Vortrag über den Geiz des Adels, das Elend des Volkes und die Ideale einer neuen, freien und gerechten Gesellschaft. Nur Madeleine, Tochter des Hauses, und der in sie aussichtslos verliebte Diener Gérard teilen seine Ansichten.

1794. Paris unter der Schreckensherrschaft von Robespierre. Chénier, konterrevolutionärer Gedanken verdächtigt, muss sich ebenso vor den Spitzeln (l'Incroyable) verbergen wie die adelige Madeleine. Über ihre Zofe, die Mulattin Bersi, die zum Überleben *anschafft*, begegnen sich beide wieder. Gérard ist mittlerweile zu einem führenden Revolutionär geworden. Als er Chénier und Madeleine zusammen sieht, lässt er ihn eifersüchtig vor Gericht stellen und bezichtigt ihn, sich mit dem Adel verbündet zu haben. Madeleine bittet Gérard, Chéniers Freilassung zu erwirken, dafür will sie sich ihm hingeben. Durch ihre Opferbereitschaft gerührt, widerruft Gérard seine Anklage, aber vergeblich: Der Pöbel schreit nach Chéniers Tod. Madeleine besticht den Pförtner des Gefängnisses (St. Lazare), sie gegen eine andere Gefangene auszutauschen. Hand in Hand steigen Madeleine und Chénier auf die Guillotine.

Der historische André Chénier (1762-1794) schwärmte erst vor dem Adel von der Revolution, verteidigte dann aber Louis XVI. und geriet so ins Visier von Robespierre.

Madeleine von Coigny wandelt sich von der arroganten Adelstochter über die durch die Revolution erniedrigte Flüchtende zur mutigen Wegbegleiterin von Chénier. Ihre Vision des vom Himmel steigenden liebenden Todesengels ist Mittelpunkt der Oper. Ich vergesse nicht jene Aufführung, in der eine hoffnungslos krebskranke Sopranistin ihre junge Seele in diese Arie legte.

Carlo (Charles) Gérard berührt als Figur durch seine inneren Kämpfe und Läuterungen: Er beginnt als gedemütigter Diener, gerät in den Strudel der Revolution, wird hin und her gerissen zwischen Gier und Rache, reift dann durch die Opferbereitschaft von Madeleine zu einem aufrichtigen Menschen. Der Einfluss von Alessandro Manzoni und Victor Hugo auf den Text von Luigi Illica, der einige Jahre später *Tosca* für Giacomo Puccini schrieb, ist spürbar.

Die Musik wirkt wie eine von Graffiti verschmierte Hauswand: Zitate von Tänzen des *ancien régime* (Gavotte, Menuett) und Revolutionslieder (Carmagnola, Marseillaise) bezeichnen den Collagestil des *Verismo*. Die Auflösung alter Gesellschaftsformen wird an der Auflösung der musikalischen Formen greifbar: Die Arien sind kaum abgesetzt, kaum gegliedert, der Gesangsstil wechselt zwischen melodischem Pathos und rauer Deklamation, der Chorpart ist roh und wild.

Umberto Giordano (1867-1948) gelang mit *Andrea Chénier* ein Welterfolg – einhundert Jahre nach der Französischen Revolution: ein faszinierend realistischer Nachklang!

UA Mailand 1896

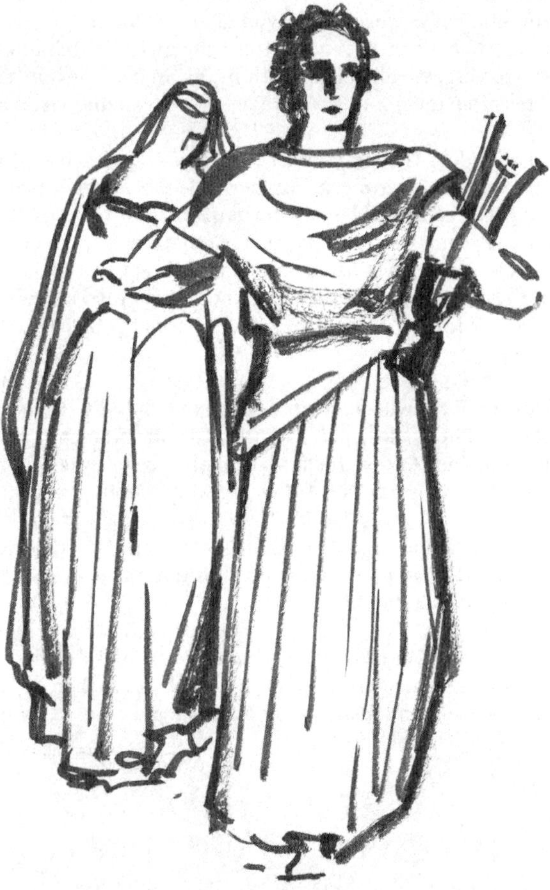

Christoph Willibald Ritter von Gluck

ORPHEUS UND EURYDIKE

Mit dieser Oper – so lernt man es schon in der Schule – begann Gluck in Wien seine berühmte Opernreform. Glückliches Zeitalter! Gab es keine dringenderen Probleme als die einer Opernreform? Allerdings: der despotische Absolutismus, der korrupte Adel, die verlogene Kirche, die unterdrückten Bürger, die rechtlosen Frauen, die vernachlässigten Kinder ... Anregungen zu gesellschaftlichen Reformen kamen durch Denker wie Kant, Rousseau, Voltaire, aber sie wurden nur ansatzweise realisiert; so lief alles auf die Französische Revolution hinaus. Glucks Opernreform – *spiritus rector* war sein Librettist Ranieri de' Calzabigi – bereitete die Oper mit *aufklärerischem* Instinkt für die Zeit danach vor; sie war der Häutungsprozess vom Barock zur Klassik. Bei Händel hatte der Wettstreit der Sänger im Vordergrund gestanden, jetzt rückte wieder das Drama in den Mittelpunkt, dabei sollten Ballett und Chor – wie in der Antike, aber in neuem Geiste – die Rolle der göttlichen Kräfte und die der menschlichen Gemeinschaft übernehmen.

Orpheus und Eurydike ist folglich eine Ballettoper und wird tunlichst von Choreografen inszeniert, da Regisseure nicht mit Tänzern, Choreografen aber sehr wohl mit Sängern umgehen können.

Der griechische Barde Orpheus – Urbild des Künstlers (Rilke) – hat durch Schlangenbiss seine Frau Eurydike verloren. Seine Klage bewegt die Götter: Er darf in den Hades hinabsteigen und Eurydike zurückholen, allerdings darf er sich auf dem Rückweg nicht nach ihr umschauen (spekulierten die zynischen Götter auf die Eitelkeit und das Misstrauen der Frauen?). Die Furien am Eingang zum Hades wollen Orpheus nicht durchlassen, aber er bewegt auch sie. An seiner Hand führt Orpheus Eurydike aus dem Hades – und es kommt, wie es kommen muss.

Hier halten die Autoren inne – war das antike Drama grausam, so soll die Oper das Medium der Hoffnung sein: Als *Deus ex Machina* erscheint der Götterbote ein zweites Mal und verkündet den *lieto fine* – das Happy End!

Für Paris transponierte Gluck 1774 die einem Kastraten zugedachte Hauptpartie in die Tenorlage und erweiterte den Ballettanteil. Aus der Wiener und der Pariser Fassung stellten später Berlioz und Dörffel eine Idealfassung her, die den ursprünglichen, ausgezeichneten Tonartenbauplan der Oper bewahrt und die Besetzung mit einem Alt, Mezzosopran oder Bariton ermöglicht.

Höhepunkte: Die *Chöre der wilden Furien*, die durch Orpheus' Gesang und Harfenspiel besänftigt werden, dann der *Reigen seliger Geister* mit einem die schwebende Seele Eurydikes vorstellenden, wunderbaren Flötensolo, und schließlich Orpheus' ergreifende Arie *Ach, ich habe sie verloren!*

Orpheus und Eurydike bedeutet in seiner elementaren Einfachheit und dramatischen Wucht die Stunde null der großen Oper. Gluck öffnet Mozart, Beethoven, Weber, Berlioz und Wagner die Tür – eine grandiose Leistung, auch wenn er selbst dabei nur den *ritterlichen* Gastgeber spielt.

UA Wien 1762

Berthold Goldschmidt

BEATRICE CENCI

Gewalt in der Familie ist heutzutage ein gesellschaftliches Thema. In den Häusern der namhaften italienischen Renaissancefamilien war sie üblich. Als aber Beatrice Cenci ihren Vater ermorden lässt, weil er sie wegen Illoyalität vergewaltigt hat, besteht der Papst darauf, sie und ihre Stiefmutter Lucrezia hinrichten zu lassen, denn Vatermord darf nicht sein – ganz gleich aus welchem Grund.

Der Dichter des sprachlich hervorragenden Dramas *The Cenci* Percy Bysshe Shelley gilt zwar als englischer Romantiker, war aber ein gesellschaftlicher Visionär; er lebte mit einer Frauenrechtlerin zusammen – und ertrank dreißigjährig bei einem Segeltörn in Italien.

Der Hamburger Komponist Berthold Goldschmidt musste 1935 nach England fliehen, wo er 1949 mit seiner zweiten Oper *Beatrice Cenci* den Wettbewerb des *Festival of Britain* gewann. Zu einer professionellen Aufführung kam es jedoch erst 1994 zu seinem 90. Geburtstag.

Repertoirefähige Opern zu schreiben gelang im 20. Jahrhundert nur wenigen Komponisten – *Beatrice Cenci* könnte dazugehören. Die Gesangspartien, besonders die Titelpartie (Sopran), sind sanglich und nicht ausufernd – Graf Francesco Cenci (Bariton) beherrscht den ersten Akt, wird aber schon im zweiten Akt ermordet. Der Chorpart ist aufgefächert und gut in die Handlung integriert. Die Orchestersprache des zweistündigen Werkes ist expressionistisch-tonal im Wechsel von filigraner Linearität und theatralischer Kompaktheit.

Nachwirkend: Beatrices dramatische Arie *Rough wind that moanest loud / grief too sad / too sad for song (rauher Wind, du stöhnst so laut / Gram, zu schwer / zu schwer als Klage);* das melancholische Duett der beiden rechtlosen Frauen Lucrezia: *My dearest child, what has your father done? (mein liebes Kind, was tat dein Vater dir?)* / Beatrice: *Who are you, you that ask? I have no father. (Wer bist du, der so fragt? Ich habe keinen Vater);* Lucrezias düstere (Alt-)Arie *Unfathomable sea! Whose waves are years. (Unergründliche See! Deren Wellen Jahre sind);* das bittersüße Volkslied der Frauen nach ihrer Folterung *False friend / wilt thou smile or wheep / when my life ist laid asleep? (Falscher Freund / wirst du weinen oder lachen / wenn sie mir die Schlafstatt machen?)*

Es war mir eine Ehre, mitwirken zu dürfen, als Berthold Goldschmidt fünfzig Jahre nach seiner Emigration wieder den Weg zurück in das Land fand, das einmal seine Heimat gewesen war – und in dem einundzwanzig Angehörige seiner Familie ermordet worden waren. Nach der Premiere von *Beatrice Cenci* (mit Heather Thompson in der Hauptpartie) stand der greise Komponist zwischen uns auf der Bühne und lächelte, während unsere Augen in Tränen schwammen. Die letzten Worte der Oper klangen mahnend im Raum: *Thus we are all enmeshed / in one vast web of sin and guilt (so sind alle wir verstrickt / in ein dichtes Netz von Sünde und von Schuld).*

UA (szenisch) Magdeburg 1994

Edvard Grieg

KLAVIERKONZERT

Der Pianist nickt dem Paukisten aufmunternd zu und fixiert den Diskant des Flügels – Thor hebt den Hammer – ein krachender a-Moll-Akkord des Orchesters – die Klavierkadenz stürzt wie Geröll in die Tiefe – zwei hallende Harmonien – der Berg hat sich geöffnet, und vor uns steht als Thema: ein Troll, der uns zwinkernd einlädt, ihm in sein Reich zu folgen.

Griegs Konzert weckt Reiselust, aber auch Sehnsucht. Die Musik ist eingängig, aber authentisch, schwelgerisch, aber knapp und prägnant.

Mein erster Lehrer Christoph Hohlfeld sagte, dass in einer Komposition Aufwand und Wirkung in angemessenem Verhältnis stehen müssten. Es gibt Werke, deren Wirkung hinter dem Aufwand zurückbleibt; Grieg erreicht mit geringem Aufwand und einfachen Mitteln ungeheure Wirkung – nur Neider können ihm das verübeln. Auch der Klavierpart ist mehr wirkungsvoll als schwer – Franz Liszt spielte ihn vom Blatt; hingerissen war er von der Originalität des Werkes.

Dabei ist das Konzert eine Hommage auf ein anderes Werk: Als Grieg 1858 in Leipzig Clara Schumann das Konzert ihres zwei Jahre zuvor verstorbenen Mannes spielen hörte, erwachte in ihm der Wunsch, etwas Ähnliches zu schreiben.

Einen wesentlichen Unterschied zwischen beiden Werken gibt es: Das Schumann-Konzert ist für eine Frau geschrieben; das Grieg-Konzert sollten besser Männer spielen – möglichst vollbärtige!

Faszinierend: die rhythmisch-tänzerischen Episoden in den Ecksätzen; dämonisch: die Kadenz im ersten Satz, in deren Verlauf das zwergenartige Thema zu einem riesenhaften Siegfried anwächst; zu Herzen gehend: die zarte *con sordini* gespielte Des-Dur-Einleitung im langsamen Satz; fetzig: die straffe Überleitung zum dritten Satz, einem *Halling* – ein (männlicher) Volkstanz mit akrobatischen Einlagen; fast zu schön: das Flötensolo in der Mitte – wie das Bild eines norwegischen Fjordes.

Im ersten Breitwandfilm der 1960er-Jahre *Windjammer* gibt es eine Szene, in der einer der Kadetten des Segelschulschiffes *Christian Radich* auf der Pier von Valparaíso den grandiosen Schluss des Konzertes spielt, während seine Kameraden salutierend in den Rahen stehen.

Wie sagte Grieg über sein Konzert? *Schwarzbrot mit Austern und Kaviar* – guten Appetit!

UA Kopenhagen 1869

Georg Friedrich Händel

DER MESSIAS

Ob ich im Leibe gewesen bin oder außer dem Leibe, ich weiß es nicht, Gott weiß es. In 22 Tagen schleuderte Händel den Messias heraus. Die Partitur liegt, aufgeschlagen beim *Halleluja,* im Britischen Nationalmuseum – die Schrift scheint noch zu glühen. *Händel liebte dieses Werk,* schreibt Stefan Zweig in seinen „*Sternstunden der Menschheit*", *aus Dankbarkeit, weil es ihn aus dem Abgrund (schwerer Krankheit) gerettet (hatte). Jahr für Jahr führte er es in London auf, jedes Mal (wie schon bei der Uraufführung in Dublin) den vollen Ertrag zum Besten des Hospitals überweisend, der Genesene an die Gebrestigen.*

Der Messias besteht aus drei Teilen: *Verheißung und Kommen / Passion, Auferstehung und Verkündigung / Wiederkunft und ewiges Leben.* Den Text stellte Charles Jennens ausschließlich aus Bibelworten zusammen. Die dankbaren Solonummern sind Sopran, Alt (damals auch Altus), Tenor und Bass zugeteilt. Der vierstimmige Chor hat eine gewaltige Aufgabe – bei der Uraufführung sangen 32 nur männliche Choristen, in London wurden es über tausend.

Ob man den Messias in großer oder kleiner Besetzung aufführt, ist unwesentlich; wesentlich ist der Geist Händels, und der ist groß, geradezu körperlich stark – wie Händel selbst: schwingende Tempi, federnde Rhythmen, im Ausdruck begeistert, einfach, klar und kraftvoll. Ausgesprochen lustvoll empfindet man die *Hemiolen*: in den ungeraden Taktarten zieht Händel oft zwei bewegte Takte zu einem ruhigen zusammen, sodass für einen Augenblick die Schwerkraft aufgehoben scheint.

Den besten Eindruck von Händels natürlichem, weltmännischem Stil gewinnt man aus seinen Briefen, wie diesem an Jennens:

Mit größtem Vergnügen habe ich Ihr andauerndes Wohlwollen aus den Zeilen entnommen, die Sie Ihrem Oratorium „Messias" beifügten, welches ich vor meiner Abreise (nach Dublin) in Musik gesetzt habe. Ich bin so frei, da Sie sich so freundlich für meine Angelegenheiten interessieren, Ihnen einen Bericht über den Erfolg zu geben, den ich hier hatte. Der Adel erwies mir die Ehre, eine Subskription für 6 Abende zu veranstalten, wobei der Saal von 600 Personen gefüllt war, sodass ich kein einziges Billet am Eingang zu verkaufen brauchte. Ohne Übertreibung darf ich sagen, dass die Aufführung allgemeinen Beifall fand ... die Musik klingt in dem entzückenden Saal, dass es eine Freude ist. Das hat mich in so gute Laune gebracht – und meine Gesundheit ist so gut –, dass ich mich an der Orgel mit mehr als dem üblichen Erfolg hören lassen konnte.

Demnach improvisierte Händel den Continuo zu seinem schlanken Orchestersatz. Auch in *meiner* ersten Aufführung als Cembalist unter meinem geschätzten Lehrer Wilhelm Brückner-Rüggeberg (1974) traten Orgel und Harfe zum Continuo hinzu.

Warum wird *Der Messias* heute in Deutschland vernachlässigt? Zwei Gründe: Erstens – er lässt sich nicht klar zuordnen. Er behandelt die Weihnachtsgeschichte, aber auch die Passionsgeschichte. Zweitens – seit auch hier die Originalsprache erwartet wird, schwindet die Identifikation mit *The Messiah.* Die Worte *Comfort ye, my people* klingen schön, *Tröste dich, mein Volk* klingt ebenfalls schön. Vielleicht wird nach dem Brexit *Der Messias* wiedererstehen?

Gut und richtig wäre es, Händels eigenen Brauch zur Tradition zu machen und Aufführungen dieses herrlichen Werkes zu Wohltätigkeitszwecken anzusetzen – gute Zwecke finden sich immer, und Wohltätigkeit wird täglich dringender nötig!

UA Dublin 1742

Georg Friedrich Händel

ZWÖLF CONCERTI GROSSI

Vielleicht, weil sich die Lieferung eines Oratorientextes oder eines Opernlibrettos verzögerte, oder auch einfach, weil er überschüssige Kraft spürte – aus einer plötzlichen Laune heraus schrieb der vierundfünfzigjährige Händel binnen einem Monat *zwölf Concerti grossi,* und genau das verkörpern sie auch: Kraft und Laune!

Sie wurden sofort gedruckt – als *Opus 6,* weil Corellis beliebte Sammlung *zwölf Concerti grossi op. 6* hieß. Händel hatte seine Werke nie nummeriert – vermutlich zuckte er nur die Achseln bei dieser naiven List des Londoner Verlegers.

Die zwölf *Concerti grossi* sind für Streichorchester gesetzt; eine solistische Concertino-Gruppe (zwei Violinen und Violoncello) steht dem Tutti-ripieno (alle Streicher und Cembalo-continuo) gegenüber. Der Cembalist spielte den Continuo aus der Bassstimme, die fehlenden Harmonien ergänzte er aus den Generalbassziffern unter der Stimme oder, wenn Zahlen fehlten, aus seiner Einfühlung. Die Zahl der Sätze schwankt zwischen vier bis sechs; es gibt drei Satztypen: *marsch-* oder *sarabanden*artige langsame Sätze, fugierte oder konzertierende schnelle Sätze und Tänze aus allen Himmelsrichtungen Europas: *Air, Allemande, Courante, Gique, Hornpipe, Menuet, Musette, Polonaise, Siciliana.*

Die Musik wirkt ungezwungen, improvisiert, doch es weht ein feuriger Geist! Fast alle *Concerti grossi* beginnen langsam, doch jedes ist anders zusammengesetzt, und wie bei einem Mobile muss das Verhältnis zwischen den leichten und den gewichtigen

Sätzen ausbalanciert werden, damit eine schwebende musikalische Ekliptik entsteht.

Die Tonarten scheinen wie zufällig gewählt, aber die diatonische Skala von *C* bis *H* ist vollständig vertreten. Das Gleiche gilt für die Tongeschlechter: Sechs Concerti stehen in *Dur*, sechs in *Moll*.

Händels Fugen sind ein Thema für sich! Sie sind stolz (Concerti 1, 2, 5, 10), cholerisch (Concerti 3, 4, 6, 11, 12) und frech (Concerto 7 und 9). Das achte Concerto in c-Moll hat keine Fuge; es fällt auch sonst auf: zu Beginn eine erregte *Allemande*, dann ein tragisches *Grave*, ein verzweifelt flehendes *Andante Allegro*, ein kurzes *Adagio* mit dem Zitat der Arie der Cleopatra *Piangerò la sorte mia* (tränenreich sind meine Klagen) aus der Oper *Giulio Césare*, eine tröstende *Siciliana*, zum Schluss ein wütend gestikulierendes *Allegro* – was ging da in Händel vor?

Durch Einbeziehung von Tänzen nähern sich Händels *Concerti grossi* der Suite. Die fantasievollen Dialoge zwischen Concertino und Tutti-ripieno nähern sich klassisch-sinfonischer Dialektik. In seiner Neigung, durch Überleitungen mehrere (oder auch alle) Sätze eines Concertos zu einem Satz zusammenzufassen, nähert sich Händel sogar dem zyklischen Denken der Romantiker.

Auf den ersten Blick fallen einem das 5. Concerto in D-Dur und das 10. Concerto in d-Moll ins Auge; bei näherem Hinsehen erweisen sich alle zwölf Concerti als ebenbürtige Persönlichkeiten.

Händels *zwölf Concerti grossi* bedeuten nur ein kurzes Intermezzo in seinem gewaltigen operndramatischen und oratorischen Schaffen; vielleicht kennen sie sich selbst kaum – was sie gar nicht kennen, ist Langeweile!

Entstehung London 1739

Joseph Haydn

ERSTE LONDONER SINFONIE

Auf der Rückreise von Italien nach England (via Rhein) machte der Konzertmeister und Konzertunternehmer Johann Peter Salomon in Köln Station. Dort erfuhr er, dass in Ungarn Fürst Esterházy gestorben war und sein Nachfolger sofort die Hofkapelle aufgelöst hatte. Haydn war also nach vierzigjährigem Dienst als Hofkapellmeister frei! Salomon nahm das nächste Boot nach Wien, suchte den berühmten Mann auf und engagierte ihn nach London.

Bei Esterházy hatte Haydn das Sinfonienschreiben schon 92-mal geübt, dabei experimentiert und allmählich den klassischen Typus entwickelt. Der lebhafte Kopfsatz (meist mit langsamer Einleitung) hat Sonatenform: Exposition mit zwei Themen, Durchführung mit motivischer Verarbeitung der Themen, Reprise und Coda, das Ganze in ausbalancierter Tonartenarchitektur.

Der zweite Satz ist ruhig (meditativ oder volkstümlich), oft mit Variationen. An dritter Stelle folgt ein Menuett mit kontrastierendem Trio. Das Finale ist ein anspruchsvoller, quirliger, oft rondoartiger *Rausschmeißer*.

Für London – und wohl überwiegend in London – schrieb Haydn auf seinen beiden Reisen (1792 und 1794) je sechs Sinfonien, die man für ihre stilistische Reife und geistige Frische nur bewundern kann. Umso mehr verwundert es, dass nur wenige – die mit den Beinamen – zum Stammrepertoire der Orchester gehören. Alle sind unkonventionell – nicht weil Haydn Konventionen vermied, sondern weil es noch keine gab. Jede Sinfonie ist wie die erste ihrer Gattung, und alle stecken voller Überraschungen.

Bei dieser Sinfonie könnte man beispielsweise davon schwärmen, dass die Bläserfanfaren im Trio des Menuetts eine Tonart vorgeben, die Streicher überraschend in einer anderen Tonart antworten – aber eine Überraschung ganz anderer Art steckt im zweiten Satz *Largo cantabile*: Kurz vor Ende scheint die Musik stehen zu bleiben und den Blick zum Himmel zu heben – da entfährt den Fagotten plötzlich ein lautes tiefes *C*. In der Probe müssen die Musiker schallend gelacht haben, in der Aufführung setzten sie an dieser Stelle ihr *pokerface* auf – sollten wir Haydns legendären Humor unterschätzt haben? Oder war dies eine Verbeugung vor dem sprichwörtlichen *british humor*? Leider darf die *Erste Londoner Sinfonie* nach diesem *gag* nicht heißen – *die mit dem Paukenschlag* darf auf dem Plakat stehen, *die mit dem Furz (with the fart)* wohl eher nicht, obwohl – publikumswirksam wäre es schon! Das instinktsichere Londoner Publikum nämlich verlangte den zweiten Satz sofort *da capo!* – warum wohl?

UA London 1792

Joseph Haydn

ZWEITE LONDONER SINFONIE

Mit dem Paukenschlag / Surprise

Ja – die Sinfonie hat eine langsame Einleitung, ja – der erste Satz hat zwei Themen, und die *surprise* im zweiten Satz – der ursprünglich gar nicht vorgesehene, erst kurz vor der Aufführung angebrachte überraschende Paukenschlag, der die eingenickten Zuhörer wecken sollte – ist bekannt, aber das eigentlich Überraschende dieser Musik ist ihre über das Normalmaß Haydn'scher guter Laune hinausgehende Hochgestimmtheit: Diese Sinfonie klingt einfach glücklich. Was mag der Grund sein?

Kaum in London angekommen, erhielt der Sechzigjährige von einer Sechzigjährigen Post:

Mrs. Schröter entbietet Herrn Haydn ihre Grüße und benachrichtigt ihn, dass sie soeben in die Stadt zurückgekehrt ist. Sie wird sehr erfreut sein, ihn zu sehen, wann immer es ihm genehm ist, ihr eine Lektion zu geben. Die ersten Bläsertakte der Einleitung klingen wie die Einladung zu einer *Lektion,* die Streicher geben Haydns erfreute Antwort. Der zweite Bläsereinsatz (mit Flöten und emotionalen Akzenten) klingt dringlicher: *Mein Teurer, es tut mir herzlich leid, dass ich Sie unglücklicherweise nicht gesehen habe, als sie mich heute morgen besuchten. Wollen Sie, mein Lieber, heute bei mir dinieren? Ich bitte Sie, es möglich zu machen! Sie können sich nicht vorstellen, wie unglücklich ich bin, dass ich Sie nicht gesehen habe. Bitte, kommen Sie heute. Mit den zärtlichsten Grüßen bin ich, mein Lieber, immer die Ihre.* Der weitere Verlauf der Einleitung erwägt das Für und Wider dieser Angelegenheit: *Es sind Briefe einer Witwe, die mich liebte, sie war ... eine schöne Frau, die ich, wenn ich damals ledig gewesen wäre, sehr leicht geheiratet hätte.*

Die seufzende Überleitung zum Hauptteil des ersten Satzes scheint die Tür zu diesem Wunschtraum zu öffnen: Zwei Glückliche eilen aufeinander zu (Hauptthema), tanzen einen Walzer (Seitenthema), draußen zwitschern die Vögel (Schlussgruppe mit trillernder Oboe).

Beim zweiten Satz *Andante* wird oft der Hinweis *semplice* (schlicht, gemächlich) übersehen – es geht weniger darum, die Zuhörer einzulullen, als vielmehr Verliebten Zeit zu geben, sich bei dem Gassenhauer *geh im Gässle 'nauf und 'nunter* in die Augen zu schauen, bis der unvermeidliche Paukenschlag sie in die Wirklichkeit zurückholt, und die ist bitter: *hängen schwarze Kirschen runter.* Nach einer bilderbuchartigen *Lektion* entzückender Variationen wird das Thema unter melancholischen Harmonien wie eine Illusion zu Grabe getragen.

Der dritte Satz heißt Menuett, aber das häufige *Humtata* gibt ihm den Charakter eines derben Ländlers. Auffallend sind die vielen Pausen – im schwungvollen Hauptteil höflich, im intimen Trio zärtlich.

Das sprühende Finale hat ein balzendes Hauptthema, das Seitenthema mit seinen weiten Sprüngen möchte fliegen. *Die Sinfonie mit dem Paukenschlag* ist eigentlich *die mit dem Herzensschlag,* sie gibt eine *Lektion* (nicht nur) für verliebte Sechziger – aber, lieber glücklicher Haydn, achten Sie bitte auf Ihr Herz!

UA London 1792

Joseph Haydn

DRITTE LONDONER SINFONIE

Drei Überraschungen auf einmal: Keine höfliche Begrüßung, stattdessen ein Wutausbruch wie: *Raus, und die Tür zu!* Eine lange Pause – niemand wagt zu atmen –, dann eine gemurmelte Entschuldigung wie: *Es war nicht so gemeint.*

Diese Sinfonie hat als Einzige der *zwölf Londoner* keine langsame Einleitung, und sie ist die Einzige in einer Moll-Tonart. Das Thema des Kopfsatzes hat zwei Teile. Der kurze Vordersatz besteht nur aus fünf Tönen: R*aus-und-die-Tür-*zu, ganzes Orchester in weiter Lage, fortissimo, marcato und unisono. In der Generalpause versucht unser Ohr, diese fünf Töne einer Tonart zuzuordnen. Der lange Nachsatz – nur Streicher in tiefer Lage, piano *dolce* und legato – bestätigt mit atmenden Harmonien unsere Ahnung: c-Moll.

Als Haydn die ihm gewidmeten ersten Klaviertrios Beethovens sah, sagte er: *Junger Mann, so etwas denkt man vielleicht, aber schreibt man nicht.* Der Anfang der Sinfonie klingt sehr nach Beethoven. Vielleicht sollte sie *die Zornige (the furious)* heißen?

Das Londoner Publikum war schockiert – so kannte man Haydn nicht, so mochte man ihn nicht. Der Applaus war spärlich, kein Satz wurde *da capo* verlangt.

Dabei ist die Sinfonie großartig! Haydn bekommt seinen anfänglichen Groll in den Griff – schon der erste Satz – ein Sonatensatz mit einem sehr versöhnlichen zweiten Thema – endet in C-Dur.

Das *Andante* ist ein kunstvoller Variationssatz: Das sanfte Thema hat drei Variationen, da aber jede als Doppelvariation angelegt ist, sind es sechs.

Das Menuett erinnert sich der Anfangstonart c-Moll und der Anfangsstimmung – gute Laune klingt anders. Dafür erfreut das Trio durch ein übermütiges Cellosolo in C-Dur.

Das monothematische Finale ist ein wahres Purgatorium: ein stürmisches Wechselbad von kontrapunktischen und operndramatischen Güssen, als ginge Haydn mit sich selbst ins Gericht. Plötzlich wendet er sich mit einem überraschenden Trugschluss (Verzögern der Kadenz) an uns: *Es war nicht so gemeint. Ende gut?* Alles gut!

UA London 1792

Joseph Haydn

VIERTE LONDONER SINFONIE

Das Wunder

Ihren schönen Beinamen soll die Sinfonie gern behalten, wenngleich das ihn auslösende Ereignis – der herabstürzende Lüster, von dem wie durch ein Wunder niemand im Saal verletzt wurde – zur Biografie der Sinfonie Nr. 102 gehört. Dagegen gebührt der vorliegenden Sinfonie eigentlich der Rang, die erste in der stolzen Reihe der zwölf Londoner Sinfonien (Nr. 93 – 104) gewesen zu sein, denn mit dem anrüchigen Scherz in der Sinfonie Nr. 93 wird Haydn sich doch wohl nicht in London eingeführt haben ... oder?

Wir hören eine wunderbar einfache *Adagio*-Einleitung – mit aufblickender Violinengeste zu Beginn und niederblickender Oboengeste vor der Fermate. Im nun folgenden *Allegro* bewährt sich der Lehrsatz für Komponisten, dass das Wichtigste an einem Thema seine Begleitung ist: Die perlenden *staccato* Achtel veredeln ein witziges Thema aus Vogellauten, das mit einem Klopfmotiv anfängt und endet. Den ganzen Satz über pickt dieses Klopfmotiv – wie ein Specht im Frühling!

Lachend und luftig geht es auch im *Andante* zu. Ohne es in der Partitur zu vermerken, wird man wohl in London den verspielten Streichersatz nach Art eines Concerto grosso zwischen *Solo* und *Tutti* aufgeteilt haben. Und wie endet der Satz? Natürlich mit *kuck-kuck!*

Der dritte Satz bewegt sich im *forte* als Menuett, im *piano* als Ländler; im Trio grüßt die Oboe wie ein *Star* auf dem Zweig – ergeben warten alle ab, bis sie huldreich weiterzuspielen geruht.

Das Finale *Vivace* mit dem Zusatz *assai* (sehr) ist fast ein Perpetuum mobile – ununterbrochen flattern zwitschernde Motive durch den Saal. Mit hörbarem Vergnügen hat Haydn hier eine regelrechte Vogelhochzeit komponiert!

UA London 1792

Joseph Haydn

FÜNFTE LONDONER SINFONIE

In Nomine Domini pflegte Haydn über seine Partituren zu schreiben, und unter seine Partituren schrieb er *Fine Laus Deo* – beides wären angemessene Namen für diese herrliche Sinfonie!

Wenn Haydn komponierte, zog er seinen guten Rock an – *schließlich spreche ich mit meinem Herrgott!* Die *Adagio*-Einleitung beginnt wie das Ende eines Gespräches mit seinem Herrn – gesammelt geht er ans Werk. Das *Vivace*-Thema – eine machtvolle C-Dur-Fanfare des ganzen Orchesters – tritt ohne Pause aus der Einleitung hervor; deren Energien bleiben im ganzen Satz spürbar, und das *In Nomine Domini* des Anfangs klingt immer wieder durch.

Das *Adagio ma non troppo* ist ein Variationssatz über ein gedankenvolles, feierlich schreitendes Thema – wie ein Lebensweg. Die erste Variation mit einem spielerischen Violinsolo klingt wie eine Jugenderinnerung. Die zweite Variation – in Moll – gibt auf drängende Fragen zögernde Antworten. Die dritte Variation – wieder in Dur – enthält für die Violinen als Spielanweisung *sul ponticello.* Der näselnde, welke Klang, dann in der Coda das stockende Rezitativ, die seltsamen Käuzchenrufe der Bläser über schauderndem Streichertremolo, und die bittere Schlusskadenz geben dem Satz den Charakter eines *memento mori.*

Im Menuetto *Allegretto* gilt Irritation als Kompositionsprinzip – jede Wiederholung entstellt die Musik wie im *Totentanz*: Mal zerfällt das Menuett zu Staub, mal wird es zerhackt. Im Trio gibt sich *Freund Hein* harmlos, er fidelt sogar selbst mit: ein oktavierendes, wie durch die Zähne gezogenes Violinsolo.

Im Finale *Presto assai* dreht sich das Lebensrad wirbelnd – wer nicht aufpasst, fällt herunter! Ist *Papa* Haydn nicht eigentlich eine gemütliche Natur? Nicht hier! Dieser Satz hat ein böses Lachen. Plötzlich eine unerwartete, harte Fermate: *Wer ist dran*? Weiter geht's! Wieder stockt der Tanz, eine leise Fermate: *Du*! Der Herzschlag setzt aus. Dann eine letzte, sanfte Fermate, vom ganzen Orchester mit warmem crescendo und decrescendo gehalten – wie ausgebreitete Arme … *so sei es – Fine Laus Deo!*

UA London 1792

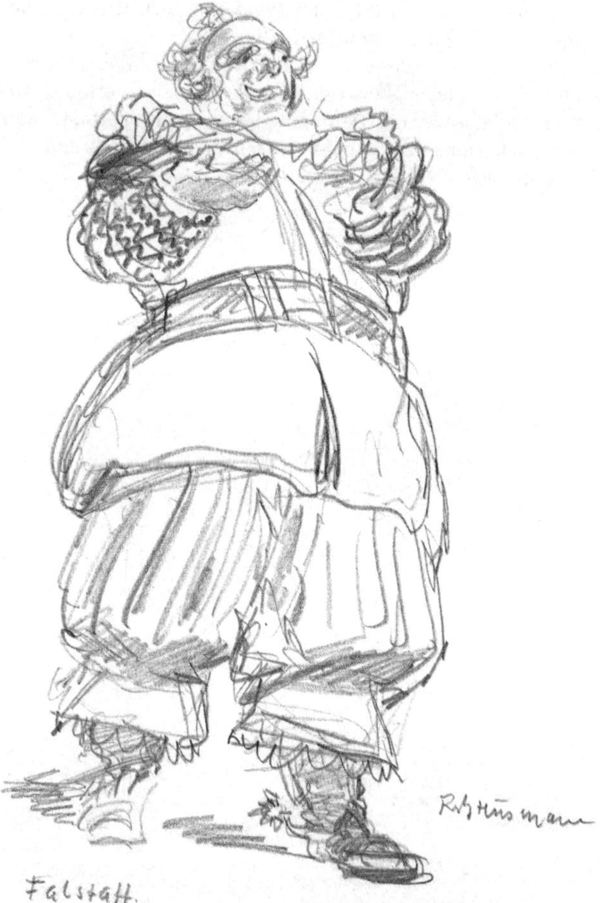
Falstaff.

Joseph Haydn

SECHSTE LONDONER SINFONIE

Die langsame Einleitung wirkt, als trüge jemand eine drückende Last: Ächzende *sforzati*, mühsame Tonschritte, lange Pausen – dreimal muss das Thema ansetzen. Mit Beginn des *Allegro* fällt plötzlich alles Schwere ab, das Thema bewegt sich leicht und beschwingt, dazukommende Holzbläser hellen den Klang auf, und ab dem Tutti lacht die Musik!

Hierbei hat Haydn einen bemerkenswerten Kunstgriff angewandt: Die Einleitung wurde nur von Streichern gespielt; durch das Hinzutreten der Bläser im *Allegro* entsteht nicht nur eine neuer Klang*raum*, sondern es beginnt auch eine neue Klang*zeit* – im Rückblick verstehen wir die dunkle Einleitung als vergangene *Vorzeit*.

Das *Adagio* erinnert an Mozart, und vielleicht will es das auch – die Nachricht von Mozarts Tod traf Haydn tief. Die auffällige Ähnlichkeit des Satzes mit dem langsamen Satz der Jupitersinfonie kann aber nur telepathischer Natur sein – Haydn kannte sie nicht, da sie zu Lebzeiten Mozarts nie gespielt worden war. Aber wer wollte zwischen diesen beiden telepathische Kräfte ausschließen?

Die Schleifer im frischen Menuett *Allegro* wischen allen Kummer weg! Auch ohne einen Hinweis in der Partitur ist klar, dass das liebevolle Trio ein langsameres Tempo haben muss – den Musikern damals war vieles selbstverständlich, wozu wir heute uns erst ermutigen müssen.

Das Finale *Presto* schlägt Purzelbäume! Listig komponiert Haydn die Annäherung an das Seitenthema: Dort, wo wir es erwarten, werden wir mit einem Anstatt-Thema hingehalten (einer Variante des Hauptthemas), dann erscheint ein Fast-schon-Seitenthema, das unterwegs ist, und nach einer Nun-aber-endlich-Kadenz streckt uns das witzige Seitenthema – nur sechs behende Töne – frech die Zunge heraus.

Mit einer Generalpause bereitet Haydn eine weitere kompositorische List vor: Das Tempo wird langsamer, aber die Figuren werden schneller; was wir für eine gemütliche Einlage hielten, entpuppt sich als feurige Stretta.

Noch eine Generalpause und ein letzter Gag: Zu dem Violinsolo des Herrn Salomon spielte Haydn plötzlich selbst einen glockenspielartig klirrenden Cembalopart – das Londoner Publikum raste!

UA London 1792

Joseph Haydn

SIEBTE LONDONER SINFONIE

Haydns erste London-Reise (1792) war erfolgreich gewesen, die zweite (1794) wurde ein Triumph. Dies spiegelt sich in den zwölf Londoner Sinfonien. In der ersten Gruppe (93-98) gab es einen Flop (95), zwei Achtungserfolge (93, 96) und drei Hits (94, 97, 98), wobei die erste Publikumsreaktion kein Maßstab für Qualität sein kann. Die zweite Gruppe (99-104) löste *nur* Begeisterungsstürme aus.

Die vorliegende Sinfonie (die erste der zweiten Gruppe) liebte Haydn am meisten – sie ist ein Meisterwerk. Ohne seinen freien Ansatz und seine improvisatorische Laune aufzugeben, hatte er einen klassischen Stil gefunden: anspruchsvoll und einfach, temperamentvoll und beherrscht. Diesen Stil konnte nur einer noch übertreffen: Sein dreiundzwanzigjähriger Schüler Beethoven schrieb sich das Finale der Es-Dur-Sinfonie ab, um daran sinfonischen Kontrapunkt zu studieren; zehn Jahre später legte er in derselben Tonart das Ergebnis seiner Studien vor: die *Eroica.*

Vermutlich 1793 hielten die Klarinetten Einzug im Londoner Orchester. In der Sinfonie Nr. 99 setzt Haydn sie erstmalig ein; souverän integriert er sie mit ihrem großen Umfang in den Bläsersatz, der sofort anders klingt: Mit den Klarinetten beginnt die Romantik.

Haydns *Adagio* Einleitungen sind immer Schöpfungsbericht, lauschend, staunend – als würde zum ersten Mal musiziert. Das lange tiefe *Ces* lässt uns ahnen, dass auch in der Welt der Töne nicht alle Fragen eine Antwort finden.

Das Hauptthema des *Vivace assai* ist ein herzliches und ideenreiches *Ich*; das beglückende *Du* des tänzelnden Seitenthemas stellt sich (wie oft in Haydns Werk) erst spät in der Exposition ein – ein autobiografischer Zug als formales Prinzip?

Das *Adagio* überrascht durch seine Tonart: Nach dem dunklen, warmen Es-Dur des ersten Satzes wirkt das G-Dur hell und kühl – wie der erste Frühlingstag. Wäre das Gleichnis nicht so *teuflisch* belastet, würde ich die beiden Themen des Satzes *Adam und Eva* nennen – eine *paradiesisch* schöne Musik!

Das kecke Frage-und-Antwort-Spiel im Es-Dur-Menuet weckt uns aus G-Dur-Träumen, um uns beim Trio gleich wieder in ein C-Dur-Idyll zu schicken. Die Rückführung nach Es-Dur lässt die Einleitung zum ersten Satz durchscheinen.

Die Vorstellung, dass der junge Beethoven sich über das geistreiche Finale *Vivace* beugte und dessen Ideen einsog, führt zu der Frage: Wie viel revolutionäres Feuer knistert hier bereits? Das dramatische Tutti hat aufrührerische Untertöne, das im Orchester herumspringende Seitenthema ist alles andere als brav, die Fugati klingen schon gefährlich. *Sie lächeln, lieber Haydn?*

UA London 1794

Joseph Haydn

ACHTE LONDONER SINFONIE

Militär

Schon das leise, scharf punktierte Streicherthema der *Adagio*-Einleitung klingt marschmäßig, und schon das erste Tutti mit seinem *crescendo* wie ein auffahrendes Geschütz mündet in zwei donnernde c-Moll-Akkordschüsse!

Militärsinfonie – der Titel stammt wohl von Haydn selbst. Was lag in der Luft damals? Frankreich hatte Österreich 1791 den Krieg erklärt, nach der Hinrichtung des französischen Königs Ludwig XVI. (1793) griff England in den Krieg ein, Ludwigs ebenfalls hingerichtete Gemahlin Marie Antoinette war Österreicherin – die Flammen der Französischen Revolution loderten schon hell. Wo stand Haydn? Sein Herr war im nahen Himmel, sein Dienstherr im fernen Ungarn. Haydn war ein zweiundsechzigjähriger treuer Untertan. Sein vom revolutionären Geist erfasster Schüler Beethoven blieb ihm fremd.

Das Bläserthema des *Allegro*-Hauptsatzes klingt wie ein Spielmannszug – unbewusst tappen wir mit den Füßen; da reißt es uns plötzlich aus den Stühlen: Das ist doch der *Radetzkymarsch*! Gemach – Haydns Seitenthema bezieht sich vermutlich auf die gleiche musikalische Quelle wie der 1848 von Johann Strauß (Vater) aufgelegte Reitermarsch.

Der zweite Satz *Allegretto* ist eigentlich eine friedvolle Serenade – wären da nicht in der Partitur drei Zeilen für das Schlagzeug reserviert: Triangel, Becken und Trommel wie Zündung, Schuss und Donner.

Am Morgen nach der Uraufführung las man in der Zeitung:

„Der mittlere (zweite) Satz wurde wieder mit uneingeschränkten Beifallrufen begrüßt! Zugabe! Zugabe! Zugabe! erscholl es von jedem Platz. Selbst die Damen wurden ungeduldig. Es ist das Anrücken zum Gefecht, der Marsch der Männer, das Geräusch des Ladens, der Donner des Beginns, das Klirren der Waffen, das Stöhnen der Verwundeten und das, was man als das höllische Gebrüll bezeichnet – gesteigert zu einem Höhepunkt von scheußlicher Eindringlichkeit, die, wenn andere sie sich vorstellen können, nur Haydn allein ausführen kann, denn er allein hat das Wunder bewirkt."

Dieser *Höhepunkt von scheußlicher Eindringlichkeit* wird eingeleitet von einem düsteren Trompetensignal, das man nicht wieder vergisst; und das auch Gustav Mahler nicht wieder vergessen konnte – durch sein Werk schallen Trompetensignale von scheußlicher Eindringlichkeit.

Immerhin endet der Satz sieghaft, und anscheinend war Haydn imstande, weiterzuschreiben, als wäre nichts geschehen. Hat *er* das ausdrücken wollen, was *wir* dabei empfinden? Dieses brutale *Immer-so-weiter-machen-als-wäre-nichts-geschehen*? Dann wäre er der verkannteste Zyniker der Musikgeschichte.

Das robuste Menuett *moderato* und sein rhythmisch straffes Trio scheinen unbeschadet aus dem Albtraum hervorgegangen zu sein, aber dem hektischen Finale *Presto* ist anzumerken, dass wir uns in *tempore belli* befinden: Häufige Abschattierungen wie *Ängstliches-sich-umschauen*, viele Pausen wie *Auf-etwas-horchen*, aufgeregt stammelnde Themenfetzen – über dem Satz hängen düstere Wolken. Plötzlich fallen Schüsse: Die Schlagzeugbatterie aus dem 2.Satz befeuert den zwiespältigen Schluss der Sinfonie – helles G-Dur und schwarzer Rauch!

UA London 1794

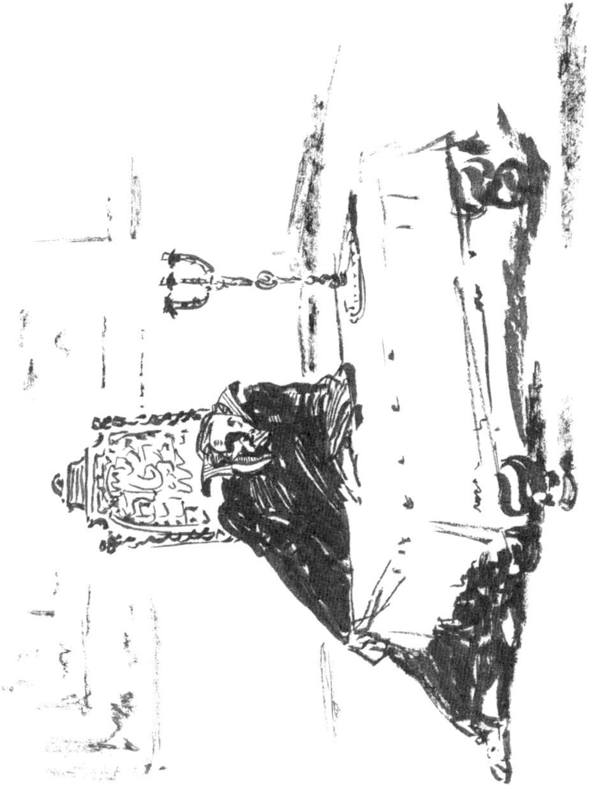

Joseph Haydn

NEUNTE LONDONER SINFONIE

Die Uhr

Haydns langsame Einleitungen sind Schöpfungsberichte. Dieser – in dunklem, kaltem, zeit- und raumlosem d-Moll – beginnt noch *vor* dem ersten Tag: ein Crescendo wie das erste Atmen, eine Modulation wie das erste Lächeln, eine Folge von Akzenten wie die ersten Tränen.

Das Wichtigste für ein musikalisches Thema ist seine Begleitung und sein Umfeld. Vor dem Hintergrund des ernsten Anfangs wirkt das D-Dur-Thema, das plötzlich *presto* wie ein lustiges Kind hervorspringt, befreiend und beglückend – ein bewegendes Selbstporträt des jungen Haydn. Er hat sich viel vorgenommen: Mit solch übermütigen Charakteren gestaltet er normalerweise die Finali seiner Sinfonien – wie will er diesen Kopfsatz noch überbieten?

Im *Andante* ist aus dem Kind ein sympathischer junger Mann geworden – und im Hintergrund tickt die Uhr. Das Thema wird ins Leben geschickt, muss an Widerständen wachsen (g-Moll), findet sich plötzlich in fremder Umgebung wieder (Es-Dur), setzt sich durch – und immer tickt die Uhr. Nie ist das Sterbenmüssen heiterer und selbstverständlicher musikalisch ausgedrückt worden als in diesem Satz, dessen letzte acht Takte wie ein Uhrwerk auslaufen.

Das schwungvolle Menuett schaut nicht auf die Uhr – es ist das längste des Londoner Zyklus. Das Trio wird überflogen von einem herrlichen Flötensolo. Aus dem jungen Mann ist der reife Meister geworden, der die Kräfte der Komposition souverän an der langen Leine führt, sodass sie sich innerhalb der festen viertaktigen Periodik scheinbar frei bewegen können.

An den angeblich beabsichtigten „Schmiss" – Irritation der Streicher durch Irrtum des Flötisten – glaube ich nicht. Einen absichtlichen Schmiss hätte Haydn wirkungsvoller inszeniert, und: Flötisten irren sich nicht, Kopisten schon!

Das Finale zeigt den alten Meister: Es beginnt wie ein Streichquartett (und sollte so auch beginnen), dann wird mit einem kraftvollen D-Dur-Tutti die Tür zu einer ersten freien Fantasie über das Thema aufgestoßen. Nach fast unbemerkter Reprise geht es durch die d-Moll-Tür zur Fortsetzung der Fantasie. Eine theatralische Fermate kündigt die Coda an: Mit einem in *pianissimo* einsetzenden Fugato über das Thema schließt die Sinfonie in vergeistigtem Ungestüm.

Der Titel *Die Uhr* stammt von einem Verleger, der das Andante bearbeitet veröffentlichen wollte. Arturo Toscanini erzählte, dass ein Konzertbesucher sich beschwerte: Er hätte von einer Sinfonie mit diesem Titel mehr erwartet als *Tick-Tack* im zweiten Satz. Dass in dieser Sinfonie hörbar Lebenszeit vergeht, dass Musik klingende (und gemessene) Zeit ist, dass der Dirigent dem Orchester Zeit zuteilt, dass ein Orchester wie ein Uhrwerk funktioniert – hatte Toscanini dies nicht gerade erlebbar gemacht?

UA London 1794

Joseph Haydn

ZEHNTE LONDONER SINFONIE

Die neue Sinfonie, komponiert von dem unnachahmlichen Haydn, wurde in meisterhaftem Stil aufgeführt, wie sie es ganz unbedingt verdiente. Sein Genius ist, wie wir vielfach die Gelegenheit hatten zu bemerken, unerschöpflich. In Bezug auf Harmonie, Modulation, Melodie, Leidenschaft und Effekt ist er gänzlich unerreicht. Der letzte Satz wurde wiederholt, und trotz einer Unterbrechung durch das plötzliche Herunterfallen eines der Kronleuchter wurde er nicht mit weniger Effekt aufgeführt (Morning Chronicle, 3. Februar 1795). Wie durch ein Wunder war niemand verletzt worden, was der Sinfonie den Beinamen *Das Wunder / The Miracle* eintrug – irrtümlich identifizierte man später die Sinfonie Nr. 96 mit diesem Ereignis. Aber auch ohne ihren ursprünglichen Beinamen ist diese Sinfonie wunderbar, und ein anderer, sehr persönlicher Name drängt sich auf.

Von den zwölf Londoner Sinfonien haben elf eine Einleitung, die zehnmal *Adagio* heißt. Über dieser steht *Largo* – was besondere Weite und Nähe bedeutet. Ein langes, an- und abschwellendes *B* im ganzen Orchester – wie ein tiefer Seufzer, dann ein zartes, helles Streicherthema – wie ein unmerkliches Lächeln. Wer die Sinfonie kennt, erkennt darin schon die Gestalt des überschwänglichen Hauptthemas, mit dem das folgende *Vivace* losstürmt. In dessen Tutti fällt ein kämpferisches Motiv auf. Sollte dies das Seitenthema sein? Dann wäre das gebieterische *fortissimo*-Unisono, dem nach respektvoller Pause eine gehorsame *piano*-Streichergeste folgt, die Schlussgruppe – und wir hätten eine Exposition mit drei Themen wie wenig später bei Beethoven.

Das *Adagio* geht auf den langsamen Satz eines Klaviertrios zurück, das Haydn seiner Wiener Schülerin Rebecca Schröter gewidmet hatte. Sie heiratete nach London; dort begegnete sie als sechzigjährige Witwe Haydn wieder – *sie war ... eine schöne Frau, die ich, wenn ich damals ledig gewesen wäre, leicht geheiratet hätte.* Das leidenschaftliche *Adagio* berührt mit schwämerischer Melodik, modulationsreicher Harmonik und feierlichem Klang (*con sordini* gedämpfte Trompeten und Pauken) – *An Rebecca* könnte über diesem Satz – und über dieser Sinfonie stehen.

Das *Allegro*-Menuett ist geprägt von einem Klopfmotiv – wie ein pochendes Herz; im gefühlvollen Trio sagt ein kleines Bläsermotiv immerfort ... *bye, bye*!

Das *Presto*-Finale ist rasant – kein Wunder, dass der Kronleuchter mitspielen wollte! Im Gedächtnis bleibt ein fast romantisches, *portato* bebend phrasiertes Seitenthema, das sich zwölf Takte lang auf einem einzigen ebenfalls bebenden Septakkord bewegt. In der Coda komponiert Haydn den Operneffekt eines sogenannten falschen Abgangs: die Musik schließt – und schachtelt noch etwas nach: Was ich noch sagen wollte ... *bye, bye*!

UA London 1795

Joseph Haydn

ELFTE LONDONER SINFONIE

Mit dem Paukenwirbel

Der Paukist im Londoner Orchester muss begabt gewesen sein, sonst hätte Haydn nicht riskiert, eine Sinfonie mit einem Paukenwirbel anfangen zu lassen. Ein dichter, gleichmäßiger Wirbel war mit den damaligen harten Schlägeln schwerer zu erzielen als mit den heutigen weichen Schlägeln, die das Paukenfell nachklingen lassen (gab es zu der Zeit überhaupt eine geregelte Ausbildung für Paukisten?). Die lange Paukenfermate im ersten Takt enthält keinen dynamischen Hinweis, nur das Wort *Intrada.* Der Paukist kann den Wirbel an- und abschwellen lassen oder ihn in Fortissimo beginnen und dann bis zum Pianissimo zurücknehmen. *Intrada* kann aber auch bedeuten, dass der Paukist zunächst improvisieren soll, um die Leute in ihrem lärmenden Alltag abzuholen, und sie dann über einen fokussierenden Wirbel zur Konzentration auf die Musik zu bringen – eine fantastische Möglichkeit!

Das Einleitungsthema ist ein sich in der Tiefe dahinwälzender Leviathan aus Fagotten, Celli und Bässen (heutzutage in der Kontraoktave), unisono, sempre piano und *sostenuto* (mühsam). Ohne den Paukenwirbel davor hätte damals niemand im Saal gemerkt, dass die Musik bereits spielte. Erst in der Romantik wurde es üblich, den Hörer unvorbereitet in einen Abgrund blicken zu lassen – wie in der *Unvollendeten* von Schubert. Die gleichförmige Bewegung der Einleitung verengt sich auf ein Ostinato von zwei Tönen und kommt zum Halt – da verwandeln sich diese zwei Töne plötzlich in das federnde Hauptthema des *Allegro con spirito.* Für einen *con spirito* (mit Geist) arbeitenden Komponisten wie Haydn ist auch ein Leviathan nur eine Tonfolge –

mit ein paar Federstrichen macht er daraus einen tanzenden Kobold! Man erkennt ihn kaum, aber in der Coda des ersten Satzes, nach der Wiederkehr des Paukenwirbels, gibt er sich lachend zu erkennen.

Das *Andante piu tosto Allegretto* ist eine muntere Folge von Variationen, abwechselnd in Moll und in Dur. Beide Tongeschlechter erscheinen exotisch geschminkt: das Moll als Zigeunermoll, das Dur als lydischer Modus. Ein launiges Violinsolo für Konzertmeister Salomon ist auch dabei.

Im kraftvollen Menuett herrschen gepeitschte Akzente vor, das Trio dagegen scheint zu schweben.

Das Finale heißt *Allegro con spirito* wie der erste Satz, aber sein Geist ist dämonisch und panisch. Ein Hornsignal ruft: Es geht zur Jagd! Beim zweiten Hornsignal ist das Thema (Violinen) zur Stelle. Es wird als Fugatothema behandelt: Es jagt und wird gejagt. In polyphoner Umgebung (Imitationen) jagt es, in homophoner Umgebung (Akkorde) wird es gejagt. Polyphone und homophone Szenarien wechseln rondoartig. Die harmonische Struktur des Satzes ist sonatenförmig.

Kurz vor Schluss hält das gejagte Ich inne – wie einTier, das seinen Tod erwartet. Nach drei letzten, tiefen Atemzügen löst sich aller Lebenskrampf in einer wundervollen, einfachen Kadenz.

Aus unergründlichem Ratschluss strich Haydn später diese Takte, aber sie sind nicht verloren.

UA London 1795

Joseph Haydn

ZWÖLFTE LONDONER SINFONIE

Londoner / Salomon

Schaut alle her! Schaut alle hin! So könnte der gewaltige Ruf lauten, der vom Orchester auf dem Podium erschallt. Zweimal ruft es: erst nach oben weisend, dann nach unten – zu uns im Saal. Das *fortissimo-unisono*-Tutti der *Adagio*-Einleitung von Haydns letzter Sinfonie ist zwar im Hinblick auf Dur oder Moll neutral, aber wir spüren sofort, was dann kommen muss: d-Moll, *piano,* ganz nah am Herzen, fragend, unabweisbar – ein musikalischer Augenblick der Wahrheit. Diesen Anfang vergisst man nicht. Das ausführliche, gütige, sanfte, weise und wunderbar wohltuende Hauptthema des folgenden *Allegro* bietet alle Kräfte auf, uns für unser Erschrecken zu trösten.

Äußerlich bewegt Haydn sich in der von ihm wesentlich mitentwickelten Sonatenform, aber er selbst bewahrt sich seine Unabhängigkeit. Nie dachte er dramatisch; einen Dualismus zwischen Haupt- und Seitenthema findet man bei ihm kaum. Hier erscheint sogar als Seitenthema wieder das Hauptthema, allerdings mit einer anderen, endgültigen Kadenz. Haydns Tutti sind fantasierend, farbig, frei und frisch; bei seinem Schüler Beethoven entwickeln sie sich zwingend – dieses Attribut kennt Haydns Musik nicht.

Das *Andante* spielt mit der Form: Es beginnt als Streichersatz in heiterer, wohlgesetzter Rede, aber schon bald nimmt es sich Zeit für eine seufzende Fermate. Die Holzbläser beginnen eine melancholische Moll-Variation, aber ein unmutiges Tutti fährt dazwischen. Nach einer plötzlichen Generalpause will sich die Musik an ihren Anfang erinnern, aber das Tutti hat noch etwas auf der Seele! Unmerklich – über der auslaufenden Bewegung – kehrt der Anfang wieder. Die seufzende Fermate verliert sich in Träumen. Eine prachtvolle Variation setzt an, aber der Traum lässt sich nicht verscheuchen, bis ein Flötensolo wie ein zwitschernder Vogel zum Erwachen ruft. Heiter wie er begonnen hat, endet der Satz. Dieses *Andante* ist ein wahres Wunderwerk: Aus lauter angefangenen Einzelteilen entsteht ein vollendetes Ganzes.

Das derbe *Allegro*-Menuett mit seinen Ellenbogenakzenten könnte ein Tanzspiel sein: Wer die Generalpause verpasst, wird ausgelacht! Auch das intime Trio hat eine Generalpause: Wer die erhascht, darf küssen. Da das Trio in der Mediante (B-Dur) steht, schenkt Haydn uns eine zarte Rückmodulation.

Das Finale *Spiritoso* (geistreich, witzig) beginnt wie ein Volkstanz. Das lange *D* im Bass (Bordun-Bass) erinnert an eine Musette oder eine Ecossaise, aber dann wird ein turbulenter Sonatensatz daraus, mit einem ausdrucksvollen, modulationsreichen Seitenthema, das wie ein herzlicher, langer Abschied wirkt – als es schon aus weiter Ferne winkt, wird weitergetanzt.

Als zwölfte und letzte der Sinfonien für London heißt diese manchmal einfach die *Londoner* – oder nach dem Auftraggeber Johann Peter *Salomon*. Ich würde sie gern die *Salomonische* nennen, denn sie strahlt in musikalischer Weisheit. Da die Aufführung als Benefiz für Haydn stattfand, was ihm zum Abschied 4.000 Gulden einbrachte, ist sie eigentlich die *Goldene*!

UA London 1795

Joseph Haydn

DIE SCHÖPFUNG

Im Anfang war – Musik! Ein allmächtiges, langes *C* des ganzen Orchesters umfängt uns und verklingt in unserer Seele: Der Ruf erscholl, die Schöpfung beginnt. Gedämpfte Streicher antworten wie tiefe Seufzer, als ahnten wir, dass mit der Schöpfung auch der Untergang, mit dem Leben auch der Tod und mit dem Guten auch das Böse entstehen wird. Diese große *Largo*-Einleitung, genannt *die Vorstellung des Chaos*, lässt in ihrem Ernst, ihrem Gewicht und ihrer Wahrheit den ganzen folgenden klingenden Schöpfungsbericht als naives Märchen erscheinen. Sie ist eine erschütternde, düstere *c-Moll*-Trauermusik noch vor dem ersten Anlass zur Trauer, so wie später (am dritten Schöpfungstag) Heilkräuter entstehen werden, noch bevor es Menschen gibt, die ihrer bedürfen. Atemlos vernehmen wir die ersten tastenden musikalischen Phrasen, die ersten suchenden Modulationen; unser Herz hämmert bei der ersten ehernen Reprise (Pauken und Trompeten); aber wir erleben auch schon dynamische Kräfte, die Gebirge auffalten und Elemente entfesseln können. Betroffen spüren wir, dass es ein Wesen geben wird, das imstande ist, sich gegen die Schöpfung zu wenden, und wir zweifeln, ob es gut ist, dass sie beginnt. Diese ersten vier Minuten von Haydns *Schöpfung* bergen eine schreckliche Vision, der eine lange, bange Pause folgt, bevor der Bassist schließlich doch flüstert: *Im Anfange schuf Gott ...*

Dann beginnt das Schöpfungsmärchen, in wechselnder Rede von den Erzengeln Raphael, Uriel und Gabriel vorgetragen. Die beiden letzteren werden später – nach der Erschaffung des ersten Menschenpaares – auch deren Parte übernehmen. Die musikalischen Formen sind sehr abwechslungsreich: es gibt schlichte Cembalorezitative, farbige Orchesterrezitative, Arien, Duette und Terzette sowie Ensembles zusammen mit dem reich bedachten Chor. Der auf John Miltons *Paradise lost* zurückgehende Text war Haydn schon auf seiner zweiten Englandreise angetragen worden, wo er die von Händel begründete blühende Oratorienkultur bewunderte, aber er zögerte wegen seiner geringen englischen Sprachkenntnisse. Als Gottfried van Swieten ihm in Wien eine Übersetzung vorlegte, griff er begeistert zu; allerdings benötigte der alternde Meister für *seine* Schöpfung nicht sechs Tage, sondern drei Jahre.

Drei Höhepunkte, stellvertretend für viele: das inspirierte Ensemble *die Himmel erzählen die Ehre Gottes;* der Gesang der Nachtigall (zweite Sopranarie) – diese hatte im Paradies noch keinen Grund zur Klage; das ergriffene Ensemble *von deiner Güt, o Herr, ist Erd und Himmel voll.*

Nach dem *Ersten* und *Zweiten Teil* hatte das Oratorium auch schließen können – die Schöpfung ist vollendet. Der *dritte Teil* ist ein Dank des ersten Menschenpaares nach dem ersten gemeinsamen Schlaf in der Hand Gottes. Der intime Ton des träumerischen E-Dur-Vorspiels macht uns lächeln, doch – wie es im letzten Rezitativ heißt: Ihr möget nicht verlangen, *mehr zu wissen, als ihr sollt.*

UA (privat) 1798, (öffentlich) Wien 1799

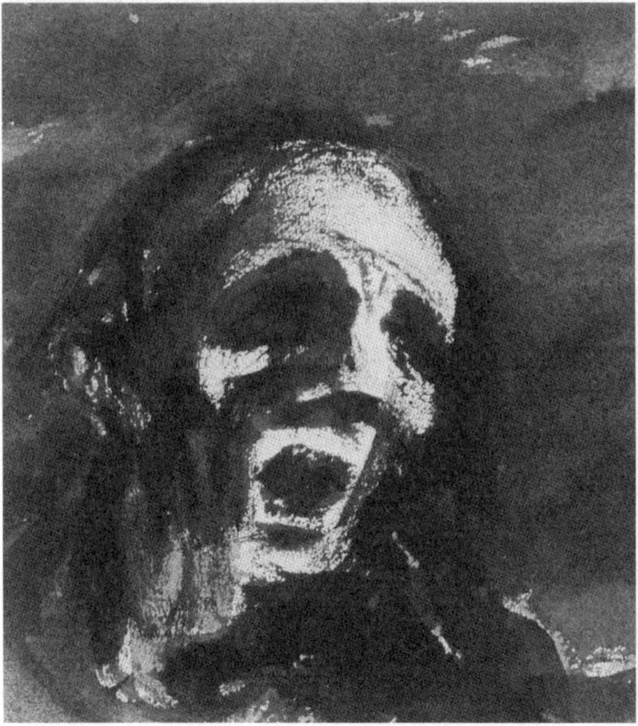

Arthur Honegger

SYMPHONIE LITURGIQUE

Dies Irae – Tag des Zorns. Wild herausfahrende Streicherfiguren, schaurige Bläsertriller, ein brutaler Trommelwirbel – da sind sie wieder, die Bilder *aus Tagen der Not*! Der Zweite Weltkrieg ist eben vorüber, als der schweizerisch-französische Komponist Arthur Honegger versucht, dessen Gräuel in seiner liturgischen (geistlichen) Sinfonie festzuhalten. Den Klanghorizont im ersten Satz bilden grelle, zuckende Bläser-Rhythmen und scharfe Klavierakzente – blitzende Mündungsfeuer und donnernde Einschläge. Die nähere Klangumgebung wird geprägt von dumpfen martellato-Ostinati der tiefen Streicher und schrillen, heulenden Bläserkaskaden – brummende Motoren und pfeifender Bombenhagel. Durch dieses Klanginferno aus *Feuer und Asche* kämpft sich das zerfetzte Thema, zwischen den Instrumentengruppen hin und her irrend, sich immer wieder zum *Lied der Not* zusammenballend – Menschen, Täter wie Opfer, die mit panisch geweiteten Augen bei der *Flucht aus dem Bunker* in *die Feuerwand* starren und nicht begreifen, was sie angerichtet haben. Ein übermächtiger, rauchschwarzer Posaunenchoral leitet den Höllensturz ein.

Ich bin mit dem grafischen Bilderzyklus *Aus Tagen der Not* (1943-1946) meines Vaters Fritz Husmann aufgewachsen. Neben Tanz- und Theaterzeichnungen hingen immer einige davon, wie die *Zuflucht in der Krypta,* an unseren Wänden. Vielleicht hat mich deshalb später Arthur Honeggers *Symphonie liturgique* so ergriffen.

De Profundis clamavi – aus der Tiefe rufe ich. Der zweite Satz ist das völlige Gegenbild des ersten: War jener der *Tag des Zorns,* so ist dieser die *Nacht der Gnade.* Ging es dort um *die Bedrängten,* so geht es hier um *die Kreatur.* Auf einem ruhigen legato-Fluss gleitet das ruhige legato-Thema dahin wie der Nachen des Charon auf dem Styx. Die Melodie wird, sich ständig erneuernd und verjüngend, behutsam von Instrument zu Instrument weitergereicht. Dieser Satz ist wie ein erlösender Schlaf – er sollte nie enden! Doch die Flöte weckt uns – zu welchem Tag?

Dona nobis pacem – gib uns Frieden. Aus der Tiefe naht *der Zug der Namenlosen:* Männer, Frauen, Kinder – Flüchtlinge aus allen Himmelsrichtungen. Die Hörner stimmen einen bitteren Trauermarsch an – wir reihen uns ein in den *Treck.* Es geht mühsam bergan. Auf dem Klageberg schreit es zweimal *dona nobis pacem!* Keine Antwort. Aber ein Cellosolo wie eine *Tröstung* lässt uns aufblicken. Das Flötensolo aus dem zweiten Satz ruft – ist das die Friedenstaube? Ein wunderbares Violinsolo in höchster Höhe schenkt uns ein neues Gefühl: Hoffnung – *das Licht in der Finsternis.* Wir müssen weiter auf dem *Weg in die Nacht,* aber *die Hinterbliebenen* zeigen auf dich: Gehe hin, *klagender Jeremias,* und bezeuge, was du gesehen hast!

UA Zürich 1946

ENGELBERT HUMPERDINCK

HÄNSEL UND GRETEL

Im Grimm'schen Märchen werden Hänsel und Gretel von ihren Eltern im Wald ausgesetzt, in einer abgemilderten Fassung lässt die Stiefmutter sie aussetzen, in der von Humperdincks Schwester Adelheid getexteten Oper schickt die Mutter ihre Kinder in den Wald, um Erdbeeren zu suchen. Ein bisschen soziale Wirklichkeit durfte sein: Das Besenbinderpaar ist arm, die Mutter kann ihre Kinder kaum satt bekommen, der Vater neigt zum Trinken. An diesem Tage hat er allerdings gute Geschäfte gemacht und auch gleich für die Familie eingekauft, bevor er sich *einen genehmigte.*

Das Deutsche Kaiserreich war 1871 ausgerufen worden. Das Bildungsbürgertum prägte die Gesellschaft. Die backsteinernen Schulen wurden gebaut, die städtischen Theater und Orchester wurden gegründet. Das Familienleben stand im Mittelpunkt. Humperdinck hatte als kränkelnder junger Mann dem kranken Wagner bei *Parsifal* assistiert und ihm die Partitur abgeschrieben – einer besseren Schulung hätte er sich gar nicht unterziehen können: Bei der Ausarbeitung seiner *Hänsel-und-Gretel*-Partitur war er gleich Meister.

Es gibt aus der damaligen Zeit reich bebilderte Kinderbücher. Darin ist jeder Grashalm sorgfältig gezeichnet, jede Blume sieht aus wie im Biologiebuch, und auch die Elfen und Engel sind liebevoll und präzise dargestellt. Genauso ist Humperdincks Partitur gearbeitet. Darin besteht ihre Schönheit und ihr Problem: Jeder im Orchester hat den Eindruck, dass gerade sein Part der wichtigste ist; der Dirigent muss unablässig die Spielfreude dämpfen, damit die Sänger *drüberkommen,* zumal die Titelfiguren wie Kinder wirken sollen und auch Kinder- und Tanzlieder singen.

Hänsel ist eine Hosenrolle für einen Mezzosopran, dafür ist die Hexe eine Rockrolle für einen Tenor. Humperdinck hatte die Partie für eine dramatische Sängerin gedacht, aber Verfremdung und Grusel wirken stärker, wenn die bucklige Alte mit dem Zauberstab nichts Weibliches hat.

Höhepunkte (viele!): der ausgelassene Tanz der Kinder; die Klage der erschöpften Mutter über ihre Armut; die aufkommende Angst der Kinder im dunkelnden Wald (mit irisierendem Violinsolo); Sand- und Taumännchen (von einem Kind gespielt, von einer Sängerin unsichtbar gesungen); der *Abendsegen* (in wunderbarer Stimmführung Hand in Hand); der Auftritt der vierzehn Engel (im Orchester immer zu schnell – die Engel stolpern ja! und zu laut – die Kinder schlafen doch!); das Hexenhäuschen; der wilde Hexenritt auf dem Besen (mit schnalzendem Xylofonsolo); die Backofenexplosion und das Erwachen der Lebkuchenkinder.

Humperdinck nimmt einen festen Platz in unserem Leben ein: Durch seine entzückende Kinderoper, durch seine Liedersammlung *Sang und Klang fürs Kinderherz* – und nicht zuletzt durch das leckere Hexenhäuschen, das in keinem weihnachtlichen Schaufenster fehlt! Es ist Sommer, als Hänsel und Gretel im Wald Erdbeeren suchen. Als sie am nächsten Morgen im Wald erwachen, singt Gretel: *Wo bin ich? Wach ich? Ist es ein Traum? Hier lieg ich unterm Tannenbaum!* In diesem Augenblick muss der in der Kulisse auf ihren Auftritt wartenden Hexe klar geworden sein, dass sie mit ihrem Knusperhäuschen Karriere *unterm Tannenbaum* machen konnte – als eine Art diabolisches Gegenstück zur Weihnachtskrippe ...

UA Weimar 1893

Leoš Janáček

JENŮFA

Oper aus dem mährischen Bauernleben

Aus dem Hintergrund vernimmt man eintöniges, hölzernes Klappern – eine Mühle in Mähren, akustisch suggeriert durch ein Xylofon. Im Vordergrund sieht man bäuerliche Gestalten, mit ihren Händen häuslich beschäftigt, in ihren Gedanken abwesend. Aus dem Orchestergraben klingen Arbeitsgesten, Gedankensplitter und emotionale Impulse, sprechende und sprachähnliche Floskeln. Ein zuckendes Ostinato: Laca schnitzt einen Pfeifenstiel und brütet in unerwiderter Liebe zu Jenůfa. Eine gleichförmige, trübe Tonfolge: Jenůfa pflegt ihren Rosmarin und hat Sorgen, denn sie ist schwanger. Eine scharf nachschlagende Figur: die alte Buryja sticht Kartoffelaugen aus und beargwöhnt die ganze Welt. Diese Partikel verdichten sich für Momente zu einem melancholischen Walzer, dazwischen vernimmt man wieder das klappernde Mühlrad.

Geräusche und Atmosphäre des Alltags und der Arbeit akribisch und impressionistisch (heute sagt man: minimalistisch) musikalisch einzufangen, vor allem aber: die Alltagssprache in Musik zu übersetzen – nicht als Sprechgesang, sondern melodisch überhitzt – dem galt lebenslang Janáčeks kompositorische Leidenschaft. Jenůfa singt: *Ach, es wird schon Abend, und Stewa ist nicht zurück,* und sie wiederholt, volksliedartig, aber schon gereizt: *und Stewa ist nicht zurück.* So bilden sich aus Prosasätzen immerfort kleine lyrische Einheiten voll innerer Spannung.

Tragische Hauptfigur der Oper ist die Küsterin, Jenůfas Ziehmutter. Aus moralischem Ehrgeiz und religiöser Verbohrtheit wird sie zur Verbrecherin.

Stewa leugnet seine Vaterschaft. Da sein Halbbruder Laca aus Eifersucht Jenůfa die Wange zerschnitten hat, will er sie nicht heiraten. Laca ist dazu bereit. Damit er nicht abspringt, ertränkt die Küsterin Jenůfas in aller Heimlichkeit geborenes Kind im winterlichen Bach. Als das Eis schmilzt, findet man die Leiche. Die Dorfbewohner wollen Jenůfa lynchen, aber die Küsterin stellt sich vor sie und gesteht ihre eigene Schuld. Am Schluss stehen Jenůfa und Laca sich gegenüber: Er hat seine zukünftige Frau schon misshandelt, sie hat ihr Glück schon verloren – es kann nur besser werden.

Unvergesslich: das vom Altgesell angestimmte, mottoartige Ensemble: *Jedes Paar muß im Leiden seine Zeit überstehen*; Jenůfas Monolog,Wiegenlied und Gebet (mit innigem Violinsolo), während die Küsterin gerade mit dem Kind aus dem Haus geeilt ist; deren Wahnsinnsanfall, als ein eisiger Wind in das offene Fenster weht: *grad als ob der Tod hätt' hereingegrinst!;* das am Boden beginnende, erhebende Schlussduett des Paares. Erfrischend und entzückend: der Auftritt des kleinen Jano, der sich freut: *kann schon lesen, kann schon lesen!* – leider muss er im Bach die Kindesleiche finden.

Janáčeks Stil ist strukturell und emotional anspruchsvoll – eine intellektuelle Musik für dumpfe Gefühle. Die Musiker verlassen den Orchestergraben zwar glücklich, denn jeder spürt die innere Größe dieses Werkes, aber mit geröteten Augen: Janáčeks Vorliebe für ferne, gedeckte Tonarten – schon der Anfang steht in as-Moll (mit sieben Vorzeichen) gibt seinen Klängen eine faszinierende Patina, aber die Noten sind anstrengend zu lesen – von den spieltechnischen und rhythmischen Anforderungen ganz zu schweigen!

UA Brünn 1904

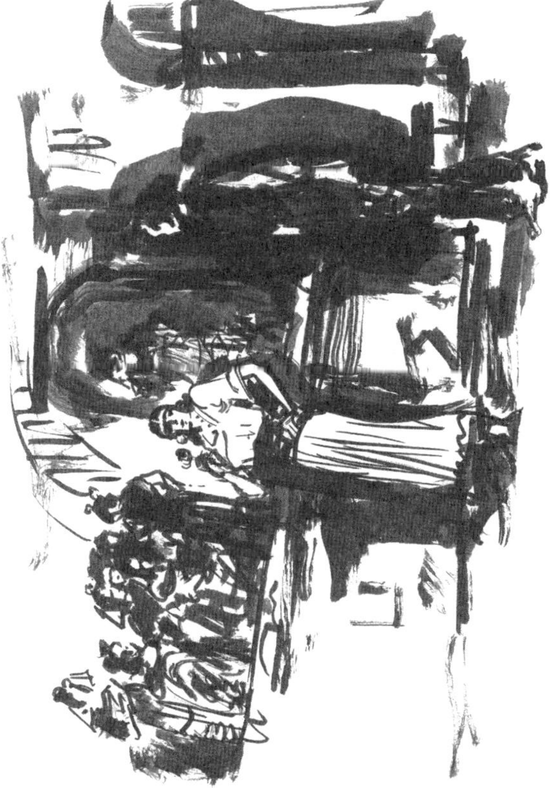

Leoš Janáček

DAS SCHLAUE FÜCHSLEIN

Geschichten werden oft bebildert, hier aber erfand ein Schriftsteller (Rudolf Tesnohlidek) zu einem Zyklus heiterer Zeichnungen (Stanislav Lolek: *Aus dem Leben eines Fuchses*) eine fabelähnliche Geschichte. Janáček war entzückt: Menschliches bei Tieren, Tierliches bei Menschen; ein Dachs, der sich in einen muffeligen Pfarrer, ein Dackel, der sich in einen trotteligen Schulmeister verwandeln kann...

Im Mittelpunkt steht menschlicherseits der sinnige Förster, den eine junge Füchsin an das Zigeunermädchen Terynka erinnert – die Sehnsüchte aller drei Herren im Hinterstübchen des Dorfwirtshauses drehen sich um dieses Fantasiewesen.

Im Mittelpunkt tierlicherseits stehen die Füchsin Schlaukopf und der Fuchs Reineke von und zu Tiefengrund. Deren tierlich-menschliche Annäherungsszene ist von bezaubernder Erotik.

Etliche Lenze später lugen beide aus ihrem Bau:

Fuchs: *Wieviel Kinder wir hatten, Alte, weißt du's?*

Füchsin: *Alter, frag nicht!*

Fuchs: *Und wieviel weitere woll'n wir noch haben?*

Füchsin: *Warte, warte, davon reden wir wohl, wenn der Mai kommt...*

Der Besetzungszettel nennt fast dreißig Namen, davon ein Drittel menschliche: vom Förster bis zum Landstreicher Haraschta (der die Füchsin erlegen will, um aus ihrem Pelz einen Muff für Terynka zu machen), und viele tierliche: vom Frosch bis zur Libelle, die alle zur Hochzeit des Fuchspaares geladen sind – ausgelassenes Waldfinale des ersten Teiles!

Oft werden die Tiere von Kindern stumm gespielt und von Sängern aus dem Off gesungen. Seinerzeit spielte unsere Tochter Irene die Jungfüchsin, und ihr kleiner Bruder Felix den Frosch. Als der Regisseur von ihm verlangte: *„Jetzt musst du dich vor deiner Schwester fürchten"*, entgegnete er: *„Das muss ich erst üben"*.

Eine entzückende Oper! Spielerisch und voll ernster Anspielungen, witzig und weise, poetisch und satirisch. Janáčeks spätes Werk ist ein buntes Kaleidoskop von volkstümlichen, tänzerischen, sinnlichen und melancholischen Elementen – man möchte gleichzeitig lachen und weinen können...

Am Schluss liegt der nunmehr alte Förster – wie zu Beginn des Stückes – unter einer Tanne. Auf seiner Hand sitzt ein junger Frosch:

Förster (angewidert): *Eiskaltes Luder, du! Bist du auch wieder da?*

Frosch (zitternd): *Da-das bin ich nicht* (abwehrende Geste mit der Hand)
Da-das war der Großpapa! (Geste mit dem Daumen über die Schulter)
Der hat mir manches Geschichtchen (drohende Geste mit dem Zeigefinger) *vo-von Ih-Ihnen erzählt...*

UA Brünn 1924

Gustav Mahler

ERSTE SINFONIE

Mahlers Sinfonien erwachsen aus seinen Liedern. Deren Texte entstammen meist der romantischen Sammlung *Des Knaben Wunderhorn* – darin wird geträumt, gewacht, gewandert, marschiert, geliebt, gelitten und geklagt. Die ersten vier Sinfonien heißen deshalb auch *Wunderhorn*-Sinfonien.

Langsam. Schleppend. Wie ein Naturlaut, sempre ppp (pianopianissimo) beginnt es. Der Ton *A*, von sämtlichen Streichern in sieben Oktaven – vom tiefen Brummen bis zum hohen Pfeifen – als *Flageolett* gespielt und lange ausgehalten: ein Klang wie Raureif im Morgengrauen. Ein nur gehauchtes Quartenmotiv löst ferne Signale aus – erstes Glitzern der Sonnenstrahlen. Dann meldet sich der Kuckuck, und der Wanderer *ging heut morgen übers Feld,* erst *gemächlich,* dann *frisch und belebt.* Der erste Satz ist ein Frühlingstag in D-Dur.

Der zweite Satz – ein Ländler in A-Dur – setzt die Reise *kräftig bewegt, doch nicht zu schnell* sehr aufgeknöpft fort: *Schalltrichter in die Höhe!* heißt es in den Bläserstimmen – alle sollen die gute Laune mitbekommen. Zum Trio kehrt der Wanderer im Gartenlokal ein – man könnte meinen, dass der junge Mahler sich zu Schubert an den Tisch setzt: *sehr zart und ausdrucksvoll* heißt es, und: *Ja nicht eilen!* Gemütlich soll es sein.

Im dritten Satz wird es ungemütlich: d-Moll, *feierlich und gemessen,* das ganze Orchester *pp ohne crescendo.* Über einem dumpfen Marschostinato der Pauke führt der Solokontrabass *mit Dämpfer* – wie mit belegter Stimme – den Kinderkanon *Bruder Jakob* an, als gälte es ein Requiem für Gustavs früh verstorbenen Bruder Ernst zu zelebrieren: *Da ziehen die blassen Gestalten meines Lebens wie die Schatten längst vergangenen Glückes an mir vorüber … und dort steht der Leiermann und hält in seiner dürren Hand den Hut hin. Und in den verstimmten Tönen hör' ich den Gruß Ernst's von Schwaben, und er kommt selbst hevor und breitet die Arme nach mir aus und wie ich hinsehe, ist's mein armer Bruder.*

Das Finale bricht *stürmisch bewegt* in f-Moll herein – *den ersten Ton scharf herausgehoben* steht neben der dramatischen Violinpassage, kurz darauf heißt es für die Blechbläser: *scharf abgerissen.* Der Wanderer wird zum *fahrenden Gesellen,* den Leben und Liebe durch die Welt treiben und leiden lassen. Und er will auch leiden – er will Leben und Liebe erfahren. Ein großer, ein großartiger Satz – kämpferisch und sensibel. Die Vision des Sieges – der *Durchbruch* – trägt die Züge einer Illusion: Mit dieser Wahrheit wird sich Mahler in seinem ganzen Werk zu befassen haben. Nach dem Durchbruch schimmert der Anfang der Sinfonie wieder durch, dann aber bricht die Sonne in D-Dur durch, und ihr Durchbruch ist keine Illusion!

UA Budapest 1889

Gustav Mahler

ZWEITE SINFONIE

Auferstehungssinfonie

Erster Satz: *Totenfeier. Allegro maestoso.* Als Mahler Hans von Bülow diesen Satz am Klavier vorspielte, *geriet er in nervöses Entsetzen und erklärte, dass Tristan gegen mein Stück eine Haydn'sche Sinfonie* sei. So ermutigt, arbeitete Mahler weiter bis zum fünften Satz. Einen Text für den vorgesehenen Vokalpart hatte er noch nicht gefunden, da hörte er auf der Totenfeier für von Bülow die Klopstock'sche Ode *Auferstehn! Wie ein Blitz traf mich dies und alles stand ganz klar und deutlich vor meiner Seele!* Daher heißt die Zweite *Auferstehungssinfonie* – und ist eigentlich ein Requiem für den berühmten Dirigenten-Kollegen.

Gleich auf der ersten Partiturseite erteilt Mahler – ganz im Sinne Bülows – Dirigierunterricht: Unter dem Bassthema *wild* steht eine *Anmerkung für den Dirigenten. In den ersten Takten sind die Figuren schnell in heftigem Ansturm, die Pausen jedoch im Hauptzeitmaß auszuführen.* Beim Seitenthema – dem Auferstehungsgedanken – soll der Dirigent *im Tempo nachgeben* (bei solchen Gedanken geben die Schritte immer nach). Der Satz hat große Dimensionen: Ein ganzes Leben wird abgearbeitet. Danach verlangt Mahler *eine Pause von mindestens 5 Minuten* – die meist für den Auftritt von Chor und Solistinnen genutzt wird.

Zweiter Satz: *Andante moderato. Sehr gemächlich. Nie eilen.* Gleich drei Ermahnungen, sich Zeit zu gönnen – eine Musik der Geduld, mit langen Melodien und zögernden Zurückleitungen: *Mein ganzes Leben ist ein großes Heimweh.*

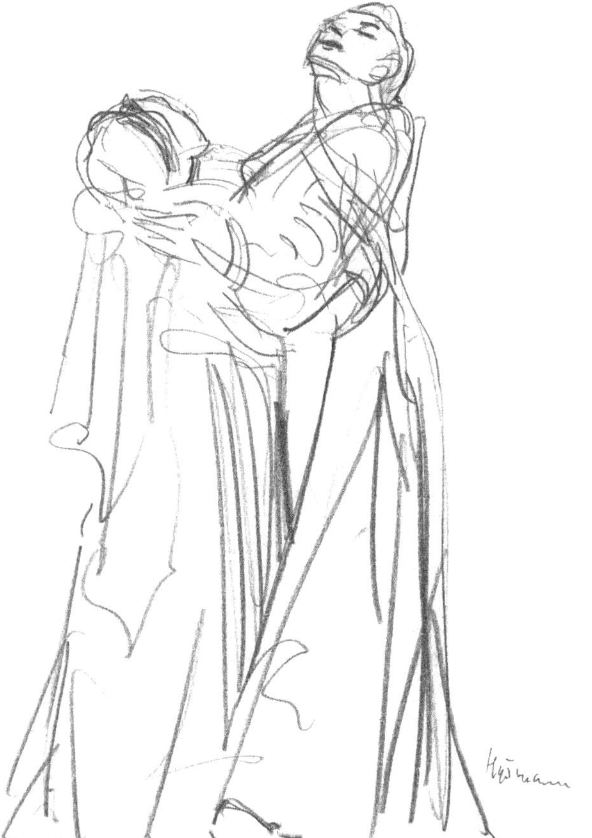
Tristan und Isolde 49

Dritter Satz: Es hämmert an der Tür (Pauke)! Nach einer Pause klopft es sanfter noch einmal, dann geht die Tür auf. Draußen im Dunkel wartet das Gefährt – steig ein! Der mit der Rute schlägt den Takt – die Lebensfahrt beginnt *in ruhig fließender Bewegung.* Aus seinem Lied *des Antonius von Padua Fischpredigt* gewinnt Mahler hier seinen Prototyp des grotesken Scherzos als *Weltgetümmel.* Bestand das Absurde der vokalen Predigt in der Taubheit der Fische, so scheint die wortlose Orchesterfassung kein Ziel zu haben – oder doch? Plötzlich öffnet sich das Höllentor!

Vierter Satz: *Urlicht.* Aus der Stille beim letzten Schritt erklingt eine Altstimme: *O Röschen roth!* (aus *des Knaben Wunderhorn*). Die Seele, nicht mehr irdisch, noch nicht himmlisch, besinnt sich auf sich selbst.

Fünfter Satz: *Im Tempo des Scherzo wild herausfahrend* – wieder das Höllentor! Diesmal liegt es hinter uns. Auguste Rodin, der lebenslang an seinem *Höllentor* (mit dem *Denker* obenan) arbeitete, modellierte Gustav Mahlers Kopf (1909) als einen, der das Höllentor passiert hat. Das gewaltige Auferstehungsfinale ist unbeschreiblich – mit Hornsignalen aus Raum- und Zeitlosigkeit, mit nach Weltuntergang übrig gebliebenen Klagelauten, mit Klangfetzen vergangener (oder zukünftiger?) Feste, mit endlosen Zügen von Abgeschiedenen. Plötzlich schallen *schnell und schmetternd* Gerichtstrompeten; ein Totenvogel (Flöte/Piccolo) antwortet *leicht und duftig.* Dann haucht der Chor *Auferstehn!* Zart und geheimnisvoll sind die innigen Klopstock-Worte vertont: *der Herr der Ernte / geht und sammelt Garben / uns ein, die starben.* Symbolisierte die Altstimme die Menschenseele, so gesellt sich die Sopranstimme dazu wie ihr Schutzengel. Die sich ausbreitende Hymne ist wohl zu schön, um wahr sein zu können, besonders liebevoll ist der fast Schumann'sche Märchenton der letzten Orchesterkadenz zum Es-Dur-Schlussakkord mit Glockengeläut und Orgelklang – brennen da nicht Lichter am ewigen Weihnachtsbaum?

UA Berlin 1895

Gustav Mahler

DRITTE SINFONIE

Als Bruno Walter 1896 Mahler in dessen Komponierhäuschen am Attersee besuchte und in der Ferne das aufragende Höllengebirge erblickte, sagte Mahler: *Sie brauchen gar nicht hinzusehen – das habe ich schon alles wegkomponiert.* Mahler war eine obsessive Natur: als Dirigent ein heftiger Despot, als Komponist ein zarter Mystiker – und ein abgründiger Humoriker.

Die *Dritte* hat zwei Teile. Der erste Satz bildet mit 875 Takten und 40 Minuten Dauer den ersten Teil. Zwei Intermezzi, ein Lied, ein Chorstück und ein großes Adagio von insgesamt 50 Minuten Dauer bilden den zweiten Teil. *Sinfonie heißt mir eben: Eine Welt aufbauen. Die ganze Natur bekommt darin eine Stimme.* Die Stationen dieser musikalischen Kosmologie sind im ersten Teil: Elemente, im zweiten Teil: Flora, Fauna, Mensch, Glaube, Geist (Liebe).

Der erste Satz *Kräftig. Entschieden.* ist ununterbrochen unterwegs: *marschierend,* aber auch *schwer und dumpf, drängend, zurückhaltend, schwungvoll, wie aus weiter Ferne sich nähernd, mit höchster Kraft.* Empfehlung: Man versuche nicht, Überblick über das Ganze zu behalten, man überlasse sich einfach der Faszination des musikalischen Augenblicks! Bemerkenswert: das ausdrucksvolle Posaunensolo und der abwechslungsreiche Schlagzeugpart.

Der zweite Satz *Tempo di Menuetto. Sehr mäßig.* ist ein Blumenstück und *das Unbekümmertste, was ich je geschrieben habe.* Bemerkenswert: die schicken Polkaeinlagen und das duftige Violinsolo.

Der dritte Satz *Comodo. Scherzando. Ohne Hast.* ist ein Karneval der Tiere: Es zwitschert, iaht, quakt und stampft. Überraschungseffekt: ein lang verklingendes Trompetensolo setzt sich plötzlich in der Ferne fort als Posthornsolo! Dieser nach Th. W. Adorno *künstlerisch überaus gefährdete Moment* (eine entzückende Umschreibung für Kitsch) hat aber gar nicht den Lenau'schen Postillon im Sinn, sondern meint in Mahlers Humorik die Schneckenpost. Im Vorspann der riesigen Partitur (allein 8 Hörner) ist das Posthorn gar nicht erwähnt – vielleicht aus Verlegenheit: Wer soll es spielen? Ein Trompeter auf einem kleinen Kornett? Auf einem Posthorn geht es nicht.

Vierter Satz *Sehr langsam. Misterioso. Durchaus ppp.* Tiefsinniges Altsolo zu Worten von Friedrich Nietzsche: *O Mensch! Gib Acht!* Hier schwitzt der Dirigent bei den freien, vagen Takten!

Fünfter Satz *Lustig im Tempo und keck im Ausdruck* singt ein Knabenchor zu vier abgestimmten Glocken *bimm bamm bimm bamm* und ein Frauenchor *es sungen drei Engel (*aus *des Knaben Wunderhorn).* Sehr fein ironisiert Mahler hier sich selbst: war er doch gerade dabei, katholisch zu spielen, um in Wien Musikdirektor werden zu können.

Sechster Satz *Langsam. Ruhevoll. Empfunden.* Hier strahlt der Dirigent! Vom *pp* des Anfangs steigert sich dieser erhabene Satz in Wellen bis zum *ff*, aber bitte: *Nicht mit roher Kraft. Gesättigter, edler Ton* – welch noble Ausdrucksweise des künftigen Wiener Musikdirektors!

UA Krefeld 1902

Gustav Mahler

VIERTE SINFONIE

Bedächtig, doch behende schleicht er herzu, *pianissimo,* doch unüberhörbar mit seinen Schellen klingelnd: der Narr mit der Narrenschelle. Zwei Flöten zwitschern im Rhythmus mit, zwei weitere pfeifen das Narrenmotiv, zwei säuselnde Klarinetten zeichnen sein Lächeln – oder ist es ein Grinsen? Mit herrischem *crescendo*-Auftakt fahren die Violinen darein, ein geziertes *ritardando* mit süßlichem Wiener *glissando* – und schon schaut das Thema daher als wie von Schubert*... Freilich ist es etwas zu abgezogen phrasiert, etwas zu aufgesetzt betont und etwas zu fesch in seiner mokanten *pizzicato* Begleitung: Ironie pur! *In Wien hält man mich für einen reizend liebenswürdigen Gesellschafter! Brrr! Wie die sich wundern werden!* Drei Jahre als Musikdirektor verwandelten den Komponisten der naiven *Wunderhorn-Lieder* in einen bitteren Zyniker. Die *Vierte* ist ein Lügenmärchen: Das Süßholzraspeln, die Grantigkeit und Heuchelei der Wiener Gesellschaft sind Gegenstand des scheinbar heiteren (und ohne Posaunen geradezu kammermusikalischen) ersten Satzes. Die Durchführung gerät zu einer nervenden Hetz mit Grimassen schneidenden Themen. Als die bohrende Idee zum Trauermarsch der (kommenden) *Fünften* störend dazwischentrompetet, unterbricht Mahler die Komposition in der Reprise, als hätte er keine Lust mehr – nach einer vielsagenden Pause fährt er achselzuckend fort.

Dem Publikum ist vielleicht aufgefallen, dass der Konzertmeister mit zwei Geigen erschien. Zum zweiten Satz, einem Scherzo *in mäßiger Bewegung,* nimmt er die andere – sie ist einen Ganzton hoher gestimmt, damit sie scharf klingt wie die Fiedel eines mittelalterlichen Spielmanns. Unter dessen Kutte steckt Freund

Hein, der allen in Wien *sehr zufahrend* aufspielt: denen im Fiaker (klappernde Pferdehufe), denen im Prater (dudelnde Tanzkapellen) und auch denen, die gerade träumen – wie Mahler selbst in der idyllischen D-Dur-Episode *sich noch weiter ausbreitend,* die sogar den Spielmann bewegt, vorübergehend die normal gestimmte, sanfte Geige zu nehmen.

Dritter Satz *Ruhevoll.* Das aufblickende, lang gezogene Thema dieses Variationssatzes – in Tonart und Atmosphäre dem *Fidelio*-Kanon *Mir ist so wunderbar* ähnelnd – scheint einen zweisilbigen Namen zu träumen, der im ersten Takt von den Bässen gemurmelt, am Ende des Themas geseufzt, und auf dem Höhepunkt des Satzes in E-Dur, der Tonart der *himmlischen Freuden,* gejubelt wird: Alma ...

Die Variationen enden offen (auf der Dominante), sodass der unmittelbar folgende vierte Satz mit Sopransolo *sehr behaglich* wie deren Fortsetzung erscheint. Das Lied *Das himmlische Leben* (aus *des Knaben Wunderhorn*) preist in G-Dur den Himmel als Schlaraffenland, in dem alles erlaubt ist. Unter närrischem Schellenklingeln empören sich die bigotten Wiener, aber die Musik dimmt für ihr intimes Selbstbekenntnis *kein Musik** ist ja nicht auf Erden, die unsrer verglichen kann werden* ihre Stimmung wieder nach E-Dur, und *sehr zart und geheimnisvoll* verheißt sie: *Die englischen* (engelgleichen) *Stimmen ermuntern die Sinnen, dass alles für Freuden erwacht.* Mit vielen diskreten Auslassungszeichen (Harfe) verstummt die ironische *Vierte* als bezaubernde Liebeserklärung – an eine Wienerin.

UA München 1901

* Klaviersonate Es-Dur, erster Satz: Seitenthema
** mit schelmischer Betonung auf der ersten Silbe

Gustav Mahler

FÜNFTE SINFONIE

Das ursprüngliche Konzept der *Fünften* sah wohl so aus:

Erster Satz *D-Dur* ein vitaler Wiener Walzer mit obligatem Hornsolo – Wien als musikalischer Weltzirkus mit Mahler als Dompteur,

zweiter Satz *cis-Moll* ein Trauermarsch mit großem Trompetensolo – Niederlagen und Verluste; die Themen setzen sich fort im

dritten Satz *a-Moll Stürmisch bewegt* – verzweifeltes Aufbegehren und Zusammenbruch; *attacca:*

vierter Satz *F-Dur Adagietto* unerwartetes Erlebnis der Liebe (Alma); das Thema setzt sich fort im

fünften Satz *D-Dur Rondo Finale* neu gewonnene Kraft und Lebensfreude.

Ein überzeugendes, schlüssiges Konzept mit einem wunderbaren Tonartenbogen von *D-Dur* über *cis-Moll, a-Moll* und *F-Dur* zurück nach *D-Dur.*

Dann aber änderte Mahler die Reihenfolge: Er setzte den Walzer als dritten Satz in die Mitte und ließ die Sinfonie mit dem Trauermarsch beginnen. Dadurch ging die tonartliche Geschlossenheit verloren – die Sinfonie beginnt jetzt in *cis-Moll* und endet in *D-Dur.* Auch die schützende formale Einheit und Logik wurde aufgegeben; dafür aber werden nun die Einzelteile in ihren Aussagen und Befindlichkeiten deutlich wahrnehmbar:

Der Trauermarsch *In gemessenem Schritt/Streng/Wie ein Kondukt* und der ihn komplementär ergänzende (nunmehr) zweite Satz *Stürmisch bewegt/Mit größter Vehemenz* stehen zusammen wie eine musikalische Klagemauer – der jüdisch-weltschmerzliche Tonfall darin bestürzt tief. Mit bebenden Lippen (absichtlich immer spät und flüchtig gespielten Auftakten) führt die Trompete den Kondukt an. Das Thema ist ein einziger lang gezogener Schrei – wie die zeitgleich (1893-1910) entstandenen Bilder des *Skrik* von Edvard Munch. In den *Plötzlich schneller/ Leidenschaftlich/Wild* herausfahrenden Passagen herrscht alttestamentarisches Heulen und Zähneklappern. Beide Sätze mit ihren gestikulierenden Gebärden verbreiten Pogromstimmung und geben musikalisch einen Vorgeschmack auf das, was den europäischen Juden bevorstand.

Der nunmehr in der Mitte prangende und als *Scherzo* bezeichnete riesige Wiener Walzer (819 Takte) wirkt an dieser Stelle penetrant und unerträglich, und genau das beabsichtigte Mahler wohl auch: *Ich gehe aus Wien weg, weil ich das Gesindel nicht mehr aushalten kann.*

Das *Adagietto* wurde 1971 durch den Visconti-Film *DerTod in Venedig* berühmt. Nach Mahlers Verfemung in der Nazizeit begann damit die bis heute anhaltende Mahler-Renaissance. Dieser unendlich langsame, innige und traurige Streichersatz mit heißen und bitteren Harfentränentropfen ist ein bohrender Ohrwurm und hat schon manchen aus der seelischen Balance geworfen...

Das Thema des *Adagietto* adelt auch das *Rondo Finale.* Dieses vermag das durch die Umstellung der Sätze entstandene formale Sammelsurium nicht zu bündeln, sosehr es einerseits pastorale Laune fächelt und andererseits die Musiker in der Toccata schuften lässt. Der Gesamteindruck bleibt zwiespältig – und das ist gut so und von Mahler bewusst riskiert: Die kulturellen Bruchstellen des eben begonnenen 20.Jahrhunderts werden in diesem großartigen, von Mahler selbst zum Scheitern gebrachten Werk fühlbar!

UA Köln 1904

Gustav Mahler

SECHSTE SINFONIE

1973 war es noch möglich, dass ein großes und renommiertes Orchester wie das Philharmonische Staatsorchester Hamburg die *Sechste* nicht im Repertoire hatte. Dies führte für mich – ich war seit einem Jahr blutjunger Korrepetitor an der Staatsoper – zu einer unerwarteten ersten Begegnung ganz besonderer Art mit diesem Werk.

Am 30.10. um Mitternacht rief mich der Orchesterdirektor Ernst Schönfelder an und fragte, ob ich am Morgen die erste Leseprobe für die *Sechste* dirigieren könnte? Der Gastdirigent säße im Londoner Nebel fest; die Probe müsste stattfinden, da das Werk für das Orchester neu sei. Ich sagte zu, fand mich um 9.30 Uhr in der Musikhalle (Laeiszhalle) ein und setzte mich in die erste Reihe hinter das Dirigentenpult. Etwa einhundert Musiker übten laut durcheinander. Der Konzertmeister Fritz Köhnsen beugte sich zu mir herunter: „Na, wollen *Sie* dirigieren?“ – „Herr Köhnsen – ich *soll!*“ – „Na, dann sind wir ja um viertel nach zehn fertig.“

Nach dem Stimmen bat mich Herr Schönfelder ans Pult und erläuterte die Situation. Die Philharmoniker murrten. Ich begrüßte sie und sagte: „Ich habe den Londoner Nebel nicht bestellt. Ich habe gehört, dass Sie das Werk nicht kennen – ich kenne es auch nicht. Ich finde es fabelhaft, dass Sie mich am Prozess des Kennenlernens in so bevorzugter Weise teilnehmen lassen wollen.“ Plötzlich fanden die Philharmoniker sich nett.

Wir spielten den ersten Satz – er lief mühelos durch. Als die Schlagzeuger die blechern scheppernden Herdenglocken anstimmten, blickte ich in viele amüsierte, irritierte oder verklärte Gesichter. Das Scherzo enthält in seinen beiden *altväterisch* charakterisierten Trios viele Taktwechsel zwischen 2/8, 3/8, 4/8, 6/8 – hier verschlug ich mich an einer Stelle. Ab dem langsamen Satz fing ich an zu probieren: Aufmerksamkeit für die Gleichzeitigkeit von *forte* und *piano* in verschiedenen Instrumenten, die diffizile, „zerfallende" Überleitung zur Reprise. Nach der Pause nahmen wir das Finale in Angriff: Ich unterbrach und ließ wiederholen, wo es mir nötig schien – als wäre mir das Werk vertraut. Erst nach dem ersterbenden Schluss wurde mir mein Mut klar – es musste wohl etwas von dem ungeheurem Mut Mahlers beim Schreiben dieser Partitur auf mich übergesprungen sein.

Der erste Satz marschiert *heftig, aber markig* mit fanatischer Entschlossenheit in eine ungewisse Zukunft. Ein strahlender A-Dur-Akkord, der sich nach a-Moll eindunkelt, verheißt als Hauptmotiv der Sinfonie nichts Gutes. Das schwungvolle, geschmacklich überbordende Seitenthema porträtiert nach Mahlers eigener Aussage seine Frau Alma: *Das mußt du dir schon gefallen lassen!* Unverhofft schließt der Satz in lachendem A-Dur, aber das *wuchtige* a-Moll-Scherzo stellt als dessen bitteres Nachspiel die tragische Grundstimmung wieder her. Erster und zweiter Satz spiegeln somit in ihren Tonarten das Hauptmotiv der Sinfonie in riesiger Vergrößerung.

Das Andante moderato in Es-Dur – weiteste Entfernung zur düsteren Grundtonart a-Moll – ist eine Insel des Friedens, wo auch Schmerz – das *fes* der Melodie – lind klingt.

Das gewaltige Finale beginnt mit dem „Höllentorakkord" aus der zweiten Sinfonie – ein dissonant glühender, harmonisch bodenloser Klang. Dreimal schlägt in diesem dramatischen Satz der Hammer zu: *kurzer, mächtig, aber dumpf hallender Schlag von nicht metallischem Charakter (wie ein Axthieb).* Das Schicksal legt die Axt an den Lebensbaum eines Menschen – zweimal kracht es (es muss klingen, als wenn Holz zerbirst), beim dritten Mal fällt der Stamm. Aus Aberglauben strich Mahler zu Lebzeiten den dritten Hammerschlag – in unseren Tagen muss die tragische *Sechste* nach dem dritten Schlag enden.

UA Essen 1906

Gustav Mahler

SIEBTE SINFONIE

Zwei große, lebhafte Ecksätze – der erste sonatenförmig mit langsamer Einleitung, der letzte rondoförmig mit vielen Tempowechseln – umrahmen drei kleinere, ruhigere Mittelsätze in teilweise kammermusikalischer Orchestration (mit Gitarre und Mandoline): Nachtmusik I, Scherzo, Nachtmusik II. Dieses walzerartige Scherzo – mit der schwer zu realisierenden Spielanweisung *schattenhaft* – wird somit zum ungreifbaren Mittelpunkt der etwa achtzigminütigen Sinfonie.

Schattenhaft ist die *Siebte* in der Tat! Alle verbalen Interpretationsversuche greifen ins Leere. Mahlers eigene Andeutungen *ein riesengroßer Schatten* oder *was kost' die Welt?* und *hier röhrt die Natur* wirken zwar ausweichend, flapsig und irreführend, treffen aber – ironisch verstanden – genau ins Schwarze. Er bezeichnete die *Siebte* als sein bestes Werk – auch das könnte ironisch zu verstehen sein.

Warum wird die *Siebte* kaum gespielt? Publikum und Ausführende spüren instinktiv: Sie ist *ein riesengroßer Schatten* ohne eigentliches Wesen. Die affirmativen Ecksätze gleichen hektisch gestikulierenden Phantomen in einer fremdbestimmten Pantomime. Die drei nostalgischen Mittelsätze beschwören vergeblich noch einmal die (auch für Mahler) längst versunkene Romantik der Wunderhorn-Lieder. Das Rondo-Finale lärmt wie Jung-Siegfried *was kost' die Welt?* auf der schon abgebauten Meistersinger-Festwiese. Der getragene Anfang der Sinfonie – mit dem harten Sterberhythmus aus Verdis *la Traviata* – weckt hoch gespannte Erwartungen, aber der brünstige Ton des obligaten Tenorhorns *hier röhrt die Natur* ironisiert das ambitionierte Thema – und damit das ganze künstlerische Projekt.

Die *Siebte* ist überlegen organisiert und meisterlich instrumentiert, aber sie glaubt nicht an sich selbst. Die grandiosen Zusammenbrüche, die Mahler in seinen bisherigen sechs Sinfonien inszenierte, sind nichts gegen den traurigen Zusammenbruch, der sich als *Siebte* in seinem Leben ereignete. Als er die tragische *Sechste* schrieb, strotzte er vor Kraft; bei der heiter beabsichtigten *Siebten* legte sich ihm seine tiefe Lebenskrise wie *ein riesengroßer Schatten* auf die Seele, aus der er sich beim Schreiben ironisch *hier röhrt die Natur* und gewaltsam *was kost' die Welt?* zu befreien suchte.

Eine absurde und darin sehr wahre Sinfonie! – In unserer Welt der Krisen und Zusammenbrüche von Gewissheiten, Hoffnungen, Idealen und Werten ist es an der Zeit, dieses Werk zu spielen, um in ihm als Zerrspiegel uns selbst als hektisch gestikulierende Phantome in einer fremdbestimmten Pantomime zu erkennen!

UA Prag 1908

GUSTAV MAHLER

ACHTE SINFONIE

Sinfonie der Tausend

Kannst Du Dir eine Sinfonie vorstellen, die von Anfang bis zu Ende durchgesungen wird? schrieb Mahler seinem Jugendfreund Fritz Löhr, *es ist Sinfonie, Oratorium, Musikdrama und Mysterium der Erlösung. Denk Dir, dass das Universum zu klingen beginnt. Diese Sinfonie ist mein Geschenk an die ganze Nation. Enthielten meine früheren Werke noch subjektive Tragik – dies Werk schenkt allein noch Freude.*

Texte erster Teil: der Pfingsthymnus *Veni, creator spiritus* von Hrabanus Maurus aus dem Jahre 809. Zweiter Teil: die Schlussszene (Anachoretenszene) aus Faust II von Johann Wolfgang von Goethe.

Besetzung: 8 Solisten, 2 vierstimmige gemischte Chöre, Knabenchor. Bei der Uraufführung wirkten 500 Choristen (aus Wien und Leipzig), 350 Münchner Knaben und im Orchester 150 Musiker mit. Der Beiname des Werkes war nicht übertrieben: *Sinfonie der Tausend.*

Ein Es-Dur-Akkord der Orgel *volles Werk* eröffnet den ersten Teil. Mahler gestaltet den lateinischen Hymnus mit einem männlichen und einem weiblichen Thema. Mit dem männlichen setzt der Chor ein. Es ähnelt einer rituellen Tanzfigur: Initiale (fallende Quart = Verbeugung), Aufschwung (angesprungene Septime = Armgeste) und Abgang (Marschrhythmus = Schreitfigur). Das weibliche Thema erscheint kurz darauf im Orchester: erst in den Streichern, dann in den Bläsern. Es ist anmutig phrasiert und atmet Liebe und Vertrauen.

Die Chöre und das Vokaloktett werden nicht blockartig gegeneinander gesetzt; der musikalische Geist fährt durch deren sechzehn Notenzeilen in Wellenbewegung – chaotisch, aber hochinspiriert!

Höhepunkte: das große al Fresco *Accende, lumen sensibus* mit dem ersten Knabenchoreinsatz; die Reprise des Hymnus, bei der das weibliche Thema sich dem männlichen in die Arme wirft.

Dem zweiten Teil geht ein *gedämpfter* es-Moll-Orchestersatz voraus, der Fausts Tod symbolisiert. Bedingt durch Goethes Dichtung enthält der II. Teil erhebliche Soli aller Stimmlagen. Er ist dreimal so lang wie der gedrängte I. Teil, dessen Hymnusthemen die Faustmusik mehr und mehr durchdringen. Mit der Anrufung der Himmelskönigin treten Harfen und Klavier hinzu. Kurz darauf musizieren die Engel – wie auf dem Weihnachtsbild des Isenheimer Altares – zu Harmoniumklängen.

Höhepunkte: das anbetende Violinsolo zu den Worten *Jungfrau, rein im schönsten Sinn;* der *gehauchte,* wunderbar harmonisierte Chorus mysticus *Alles Vergängliche ist nur ein Gleichnis.*

Die Verse: *das Unzulängliche, hier wird's Ereignis, das Unbeschreibliche, hier ist's getan,* sind – bescheiden und stolz – auch auf das grandiose Wagnis *Achte Sinfonie* zu beziehen.

Dem Schluss: *Das ewig Weibliche zieht uns hinan.* kann man nur begeistert zustimmen!

UA München 1910

Gustav Mahler

NEUNTE SINFONIE

Vielleicht geriet mir meine Achte so groß, weil ich einen Moment an das Glück auf dieser Erde glaubte. Was jetzt kommt, wird jeden Bezug zur Welt leugnen. Ich werde nur noch in jenen Welten wandeln, die nicht Hader und Egoismus, Korruption und Boykott kennen. Man muß tot sein, bevor einen die Leute leben lassen. Ich bin eben ein „Unzeitgemäßer".

Nach dem Bad in der Menge nun also der Einsame im Herbst. Ohne sichere Ausrüstung (keine ganzen Themen, nur Bruchstücke), ohne festen Plan (keine Sonaten- oder andere Formvorgaben), wandert – man möchte sagen: taumelt – Mahler in der *Neunten* los. Das Ziel ist sicher: sein Tod. Er braucht ihn nicht zu suchen; der Tod wird ihn zu finden wissen (Mahler war schwer herzkrank). Die Bruchstücke: ein fast tangoartiger, stolpernder Rhythmus, ein paar entstellte Glocken (Harfe), eine missmutige *gestopfte* Hornphrase, ein schluchzender Melodieansatz – sind das geeignete Begleiter für den letzten Weg? Und doch wird aus diesem rudimentären Material eine ergreifende, gewaltige Trauermusik *wie ein schwerer Kondukt.* Sie ist so endgültig, dass man danach nichts mehr hören möchte.

Mahlers *Neunte* wäre nicht minder berühmt, wenn sie mit diesem ersten Satz unvollendet-vollendet geblieben wäre. Aber Mahler wird seinem Vorsatz untreu. Mit den beiden folgenden Sätzen kehrt er in die banale Welt zurück. Nun wird auf- und abgeräumt:

Der zweite Satz ist eine bunte Ländlerfolge – als wenn Mahler alte Fotos und Briefe noch einmal anschaut und dann wegwirft.

Der dritte Satz – eine als *sehr trotzig* bezeichnete *Rondo-Burleske* – ist ein böses Spiel! Die üblen Erinnerungen an das Berufsleben kehren zurück: der Kampf mit Intendanten und Orchestern. Die Lebensbilanz eines Musikdirektors und Dirigenten vom Charakter eines Gustav Mahler kann nur bitter sein: Die Konfrontationen der Themenfetzen und die stockenden, heftigen Widerreden der Orchestergruppen schildern Mahlers Hader mit Inkompetenz und Mittelmaß. Dem Orchester macht Mahler seinerseits in der Burleske das Leben noch einmal richtig schwer – als wollte er die Musiker vorführen, als sollte man hören, dass sie das Stück nicht bewältigen ... ein wütender Abschied!

In dem immer langsamer werdenden *Adagio* sucht Mahler das Ende der Welt *was jetzt kommt, wird jeden Bezug zur Welt leugnen.* Der Tonartenbogen der Sinfonie bleibt offen: Sie begann in D-Dur und wird in Des-Dur enden. Es gibt aber kein Ende der Welt – es gibt nur das Ende des Einzelnen. Mahler verschwindet still im letzten Satz seiner letzten Sinfonie. Der unendlich verzögerte Des-Dur-Schluss ist ein verbliebener Rest Naivität in Mahlers Seele – als hätte der Tod des Individuums im Leben des Universums irgendeine Bedeutung. Man sollte die letzten Takte unhörbar spielen.

Gustav Mahler kämpfte um sein sinfonisches Riesenwerk in dem Bewusstsein, dass seine hellen Durchbrüche Illusion waren *weil ich einen Moment an das Glück auf dieser Erde glaubte.* Die Wahrheit seiner Musik äußert sich in ihren düsteren Zusammenbrüchen *man muß tot sein, bevor einen die Leute leben lassen.* Bei der von Bruno Walter betreuten posthumen Uraufführung löste die *Neunte* Irritation aus – zu weit war Mahler seiner Zeit voraus. Erst allmählich holen wir diesen *Unzeitgemäßen* ein.

UA Wien 1912

Pietro Mascagni / Ruggiero Leoncavallo

CAVALLERIA RUSTICANA / PAGLIACCI

Das Orchestervorspiel beginnt *pp dolce e religioso.* Für den hinter der Bühne platzierten (zweiten) Harfenisten ist es – getrennt durch Hauptvorhang und Schallvorhang – nur über den Lautsprecher des Bühnenfernsehers, der den Dirigenten zeigt, zu vernehmen. Der Tenor neben der Harfe räuspert sich nervös. Plötzlich schwillt die Musik an wie eine Flutwelle: Der Schallvorhang fährt hoch. Der Harfenist zieht sein Instrument zu sich heran, der Orchesterklang reißt ab – und im Zuschauerraum vernimmt das Publikum – durch den geschlossenen Hauptvorhang hindurch – aus der Ferne Turiddus nächtliche *Siciliana.* Mit ihr begann der Welterfolg der *Cavalleria rusticana.*

Der fünfundsiebzigminütige Einakter über *die sizilianische Bauernehre* ist dramatisch – und diskret. Ein süditalienisches Dorf in der Mittagshitze: Niemand scheint da zu sein, aber in der heißen Luft liegt Spannung. Fast alles bleibt unsichtbar: die Arbeit in den Orangenhainen, die (orgelbegleitete) Messe in der Kapelle, die Entehrung des Bauernmädchens Santuzza durch Turiddu, der sich bei ihr darüber tröstet, dass seine Braut Lola während seiner Reise den Kutscher Alfio geheiratet hat, was sie nicht hindert, Turiddu während Alfios Abwesenheit zu einer nächtlichen *Siciliana* einzuladen. Am Morgen danach stellt Santuzza Turiddu zur Rede, da er nichts mehr von ihr wissen will, gibt sie dem heimkehrenden Alfio diskret einen Hinweis. Beim abendlichen Umtrunk der Dorfbewohner ziehen sich beide Männer zurück, und kurz darauf hört man eine Frau schreien: *Hanno amazzato compare Turiddu – Turiddu ist tot!*

Cavalleria rusticana ging als Sieger aus einem Preisausschreiben des Verlages Sonzogno für einaktige Opernerstlinge hervor und machte den jungen Mascagni mit einem Schlage berühmt. Sein Kollege Leoncavallo beging den Fehler, eine ebenfalls knappe, aber zweiaktig gegliederte Tragikomödie einzureichen.

Die Jury schloss *Pagliacci* aus, aber Verleger und Publikum waren begeistert, und schon bald spielten die Opernhäuser beide Werke an einem Abend. Beide verkörpern einen neuen, vom Einfluss Wagners befreiten, italienischen Stil: *il Verismo*.

Dessen künstlerisches Credo erfährt man in einem Prolog, als Tonio (in der Comedia der abgewiesene, traurige Clown), vor den Vorhang tritt: ... *der Satz „nehmt die Bühne nie ernst" gilt heute nicht ... der Dichter schöpft vielmehr aus dem wirklichen Leben ... auch Komödianten sind Menschen* ... Der Titel *Pagliacci* meint die Figuren der Comedia dell'arte, die Fahrensleute – ihr armseliges Leben spielt sich zwischen Schminktisch und Wanderbühne ab. Leoncavallo hatte als Kind mit dem Diener seiner Familie solch ein Schauspiel besucht; während der Vorstellung wurden der Diener und die Darstellerin der Colombina in flagranti von ihrem Ehemann in der Garderobe erwischt, und im Kostüm des Pagliaccio erstach er beide coram publico. *La comedia e finita ... das Spiel ist aus.*

Kein Mörder wird so bemitleidet wie Canio, wenn er mit angeschminkten Tränen unter höchsten Qualen schluchzt: *Ridi, Pagliaccio! Lache, Bajazzo!* Kein Mädchenschänder wird so geliebt wie Turiddu, wenn er in herzzerreißendem Belcanto beim Abschied vor dem Zweikampf mit Alfio seine Mamma Lucia anfleht, für die arme Santuzza zu sorgen ... ach, Tenöre!

Im Bau ähneln sich beide Einakter: sinfonische Vor- und Zwischenspiele, effektvolle Oster- und Glockenchöre, aber im Charakter unterscheiden sie sich: *Cavalleria rusticana* ist streng, *Pagliacci* ist brutal. Die musikalischen Sterne beider Komponisten verglühten in diesen beiden Kurzopern – aber mit welchem Feuer!

UA *Cavalleria rusticana*: Rom 1890 / *Pagliacci*: Mailand 1892

Jules Massenet

WERTHER

Zu Beginn des Orchestervorspiels ein Vorgriff auf das Ende: Wir blicken in die wüste Seele eines Stalkers. Der sitzt an seinem Schreibtisch, von dem aus er eine verheiratete Frau mit zahllosen Briefen bedrängte. Jetzt liegt eine Pistole darauf, die er sich dreist bei ihrem Ehemann geborgt hat – gleich wird er sie sich an den Kopf setzen. Es ist Weihnacht.

Werther (französisch auf der zweiten Silbe betont) ist eine Weihnachtsoper eigener Art. Hier bilden Kerzen, Herzen und Schmerzen einen unheilvollen Dreiklang.

Die Kinder des verwitweten Amtmanns in Wetzlar üben ein Weihnachtslied. Dann gibt die älteste Tochter Charlotte – schon im Ballkleid für das sommerliche Stadtfest – den Kleinen ihr Abendbrot und liebkost sie an Mutter statt. Dieses ideale Bild weiblichen Wesens ergreift den jungen Werther – er ist Gast im Hause und Tanzpartner Charlottes, da ihr Verlobter Albert auswärts weilt. Auf dem nächtlichen Heimweg gesteht er ihr seine Liebe. Charlotte weist auf ihre Verlobung hin – beide trennen sich verwirrt.

Albert, nun mit Charlotte verheiratet, betrachtet Werther als Freund und Hausfreund. Aber die Spannung wächst, und Charlotte bittet Werther, nicht mehr zu kommen – nie mehr? Doch – zur Weihnacht (französisch *Noël*) soll er wiederkommen.

Charlotte liest wieder und wieder Werthers Briefe aus seinem Wetzlarer Exil. Ihre jüngere Schwester Sophie – ein heiteres Gemüt – kommt darüber hin. Charlotte bricht in Tränen aus, Sophie versucht, sie zu trösten. Es ist Weihnachtstag – Werther steht in der Tür: bleich, verstört. Nach heftiger Auseinandersetzung mit Charlotte stürzt er davon. Kurz darauf bittet er per Briefboten Albert um seine Pistole *für eine Reise*. Albert, längst eifersüchtig, zwingt Charlotte, die Pistole dem Boten auszuhändigen. Als sie begreift, was für eine Reise gemeint ist, läuft sie panisch durch die Weihnacht, doch sie kommt zu spät.

In seinem Briefroman *Des jungen Werthers Leiden* (1774) verarbeitete Johann Wolfgang von Goethe eigene Erlebnisse; sein Kultbuch vom Mann im blauen Frack mit gelber Weste ließ die Selbstmordrate ansteigen. Ein Jahrhundert später mischte Jules Massenet das *taedium vitae* (den Lebensekel) der Sturm-und-Drang-Zeit mit dem *fin-de-siècle*-Lebensgefühl der musikalischen Spätromantik zu einer gefährlichen Droge. Anfangs zeigte kein Theater Interesse. Erst auf Betreiben des Tenors Ernest van Dyck kam es in Wien zur Uraufführung – in der Sprache Goethes. Aufgrund des großen Erfolges zog die Opera comique Paris ein Jahr später nach.

Wie der Roman beginnt die Oper idyllisch und spießig. Ab dem dritten Akt – im Roman übernimmt hier ein Erzähler den Bericht – wird es dramatisch für Charlotte (eine hinreißende Mezzopartie), für Werther (eine exaltierte Tenorpartie), und für das dynamisch erregte, aber immer die Sänger tragende Orchester.

Die Schlussszene ist makaber: Werther beschreibt Charlotte sterbend den Platz, wo er begraben werden will. Draußen singen Kinder *Noël, Noël, Noël* – fröhliche Weihnacht!

UA Wien 1892

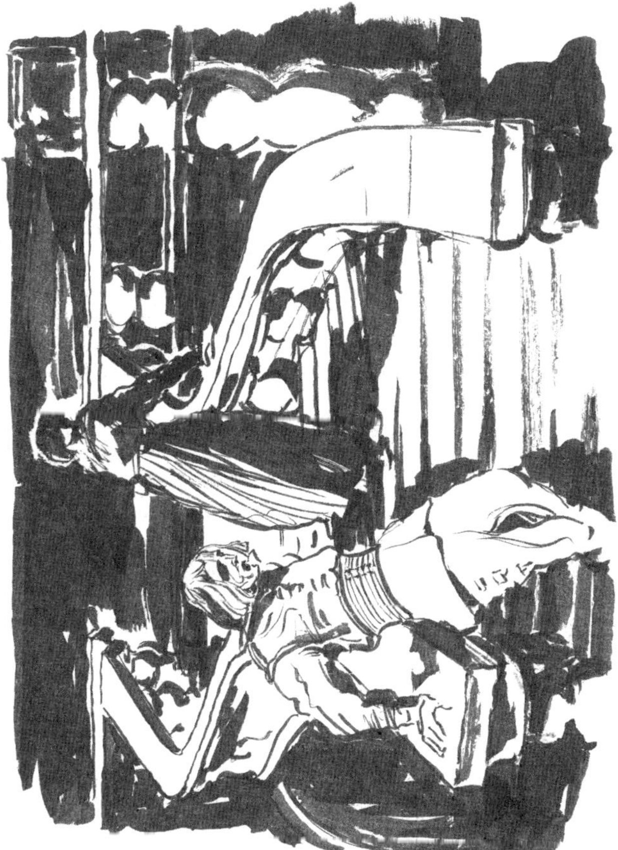

Felix Mendelssohn Bartholdy

ERSTE SINFONIE

Die Sinfonien Mendelssohns tragen fast alle klingende Namen – glücklicherweise, denn an den Nummern kann man sich kaum orientieren: Die Fünfte *Reformationssinfonie* ist eigentlich die Zweite, die Zweite *Lobgesang* die Dritte, die *Italienische* bleibt die Vierte, die Dritte *Schottische* ist die Fünfte und letzte. Mendelssohn rang um die Gestalt seiner Werke: Zwischen Einfall und Ausarbeitung vergingen manchmal Jahre, oft haderte er mit den Ergebnissen, immer stand er unter Zeitdruck. Für sein künstlerisches Wirken und Werk blieben ihm achtzehn hastige Jahre.

Der fünfzehnjährige Felix pflegte schon intensiven Umgang mit Partituren; souverän setzt er in seiner *Ersten* die Naturinstrumente ein: Hörner in Es und Trompeten in C gewährleisten den c-Moll-Akkord, den er für die hämmernde Coda des ersten Satzes braucht. Die Pauke führt rhythmisch ein Eigenleben und heizt so die Dramatik auf. Neben der *Fünften* von Beethoven (deren Kopfsatz Felix auswendig am Klavier dem fassungslosen Goethe vorspielte) war es vor allem die (große) g-Moll-Sinfonie von Mozart, die mit ihrer nervösen Thematik, gereizten Harmonik und zornigen Kontrapunktik die Fantasie des jungen Romantikers entzündete.

Das Thema des ersten Satzes ist leidenschaftlich und einprägsam – es prägte sich auch Mendelssohn ein: Achtzehn Jahre später glüht es erneut auf im ersten Tutti seines (e-Moll-)Violinkonzerts.

Das Andante verzichtet in klassischer Zurückhaltung auf Pauken und Trompeten; das chromatische Nachbeben zum Thema sorgt für romantisches Flair. Es handelt sich bei diesem Satz um eine lyrische Variationenfolge innerhalb des Formverlaufs einer Sonate, gewissermaßen um flanierende Variationen – gut gemacht, Felix!

Das etwas altmodisch als Menuetto bezeichnete Scherzo befindet sich schon auf dem Weg zur *Sommernachtstraum*-Musik: luftig und rüpelhaft. Nach dem choralartigen Trio entspinnt sich ein aufgefächerter, träumerischer Streichersatz, unter dem die Pauke leise, aber beharrlich rumort – Spiegelung des abgründigen Paukensolos der *Schicksalssinfonie* in der noch schicksallosen Seele eines genialen Jünglings.

Das Finale ist spannend – mit wildem Hauptthema, kämpferischen Fugati in Durchführung und Coda, dramatischer Reprise und triumphaler C-Dur-Stretta. Aus diesem schlüssigen Zusammenhang fällt die zweimalige lange Seitenthema-Episode seltsam heraus: gleichförmige, matte, namenlose Pizzicati – irgendwann beginnt die Klarinette darüber zu improvisieren, stammelnd, als hätte sie die Melodie vergessen ... ist dir nicht gut, Felix?

Die *Erste* hat keinen Namen, sie ist die Namenlose. Die Uraufführung fiel niemandem auf, in London wurde sie 1829 bejubelt – allerdings haderte Mendelssohn mit dem Scherzo (wegen der kindlichen Anlehnung an Beethoven?) und tauschte es aus. Danach wurde die Sinfonie vergessen – vielleicht sollte man sie *Die Vergessene* nennen, denn vergessen sollte sie nicht bleiben!

UA Leipzig 1827

Felix Mendelssohn Bartholdy

REFORMATIONSSINFONIE

Seine *Zweite* schrieb Mendelssohn zur 300-Jahr-Feier der Augsburger Konfession von 1530. Ein Versammlungsverbot seitens der preußischen Regierung (man befürchtete ein Übergreifen der französischen Unruhen) verhinderte die Uraufführung.

Eine religionsgeschichtliche Sinfonie! Der erste Satz schildert den Einzug der Protestanten – wie Wallfahrer singend, die Gutenberg-Bibel unter dem Arm – zum *geharnischten* (der Kaiser war zornig) Reichstag in Augsburg. Scharfe Akzente markieren die waffenstrotzenden Katholiken – es ging auf Leben und Tod.

Mit dem Bläserthema in *fortissimo* fordert der Kaiser kirchlichen Gehorsam, mit dem *Dresdner Amen* der Streicher in *pianissimo* bekunden die Protestanten ihr Gottvertrauen – und alle Wagnerianer staunen, dass dieses im *Parsifal* strapazierte Motiv ein Zitat ist!

Mit dem *Allegro con fuoco* beginnt der Reichstag; den heftigen Disput – immer wechselnd zwischen lautem Fordern und leisem Bekennen – kann man gut verfolgen.

Das bekennende (protestantische) Thema hat einen Beiklang: In seiner expressiven Gestik klingt es jüdisch. Abraham Mendelssohn war mit seiner Familie protestantisch geworden (symbolisiert durch den angenommenen zweiten Nachnamen Bartholdy), aber sein Sohn Felix ließ sich schon auf seiner ersten Englandreise Visitenkarten drucken – ohne Bartholdy. Was mag ihn bewogen haben, dem bekennenden Thema jüdische Züge zu geben?

Der Augsburger Religionsfriede bedeutete für die europäischen Juden eine Hoffnung: Die Christen mussten lernen, abweichende innerchristliche Meinungen zu dulden – damit tauchte am Horizont der Zukunft das Morgenrot der religiösen Toleranz auf.

Von dieser Hoffnung erfüllt ist der vierte Satz, der auf dem Lutherchoral *Ein feste Burg* basiert. Kurz vor Schluss wird auf die Worte der *Zauberflöte* angespielt: *Dann ist die Erd' ein Himmelreich*, dazu klingt es wie Friedensglocken. Hier dürfte sich der Enkel seinem Großvater Moses Mendelssohn, dem humanistischen Philosophen der religiösen Versöhnung, nahe gefühlt haben.

Die beiden kurzen Mittelsätze – ein heiteres Scherzo mit einer poetisch ausschwingenden Coda und ein trauriges Andante mit einer unendlichen Melodie – scheinen etwas zu klein geraten für das Thema der religiösen Toleranz – vielleicht ist aber auch das Thema zu groß für eine Sinfonie?

Mendelssohn haderte mit seiner *Zweiten* – als *Fünfte* wurde sie nach seinem Tode gedruckt.

Entstehungszeit 1829

Felix Mendelssohn Bartholdy

SINFONIE LOBGESANG

Zur 400-Jahr-Feier der Erfindung des Buchdrucks durch Johann Gutenberg zu Mainz schrieb Mendelssohn für Leipzig – die Stadt des Buchhandels – eine abendfüllende Sinfoniekantate. Drei Instrumentalsätze und ein neunteiliges Finale mit drei Solisten und Chor – pausenlos aufeinander folgend – vereinigen sich zu einem romantischen *Lobgesang*. Die Texte bezog Mendelssohn aus der Bibel, Altes Testament, Psalm 130 und 150, und Buch Josua – übersetzt von Martin Luther, gedruckt bei Johannes Gutenberg. Im Mittelpunkt steht der protestantische Choral *Nun danket alle Gott*. Als Klammer fungiert der jüdische Psalmvers *Alles was Odem hat, lobe den Herrn,* so beginnt es in den Posaunen, und so schließt es – mit allem, was Odem hat!

Mit der Erfindung des Buchdrucks beginnt die Neuzeit. Die Mendelssohns waren überzeugte Anhänger der Aufklärung – die eindringliche Frage in der synagogal intonierten Wächterszene *Hüter, ist die Nacht bald hin?* meint die Nacht des katholischen Mittelalters, die Nacht der selbst verschuldeten Unmündigkeit (Kant) und die immerwährende Nacht des Fremdenhasses und der Intoleranz. *Lobgesang* ist das Hohelied der religiösen Völkerversöhnung – im Sinne von Mendelssohns Großvater Moses, Lessings Vorbild für den weisen Nathan.

Die Uraufführung fand in der Thomaskirche – 90 Jahre nach Bachs Tod – statt, 500 Mitwirkende sollen dabei gewesen sein. Kurz darauf wurde *Hymn of Praise* in Birmingham erstaufgeführt, und Mendelssohn wurde – 80 Jahre nach Händels Tod – der beliebteste Komponist in England.

Der erste Satz hat hinreißenden Schwung – und will geleistet werden! Ein rezitativisches Klarinettensolo leitet zum zweiten Satz über: ein fragendes, verhaltenes Intermezzo. Der dritte Satz beginnt gefasst wie ein Gebet, aber motivische Vorbereitungen zur Kantate sorgen bereits für Unruhe.

Mit dem Chor setzt auch die Orgel ein – ein bewegender Augenblick! Die überwiegend polyphonen Chorsätze klingen ausgezeichnet, die Solopartien sind melodiös, das Duett der beiden Soprane *Ich harr(e)te des Herrn* wurde sehr populär. Die Wächterszene (Tenor) hat Operndramatik – schade, dass Mendelssohn keine Oper geschrieben hat! Der Choral *Nun danket alle Gott* erklingt zunächst a capella, dann vergoldet ihn das Orchester.

Den höchsten Anspruch – musikalisch und ethisch – stellt das Chorfugato *Die Nacht ist vergangen, so laßt uns ablegen die Waffen der Finsternis und ergreifen die Waffen des Lichts.* Das strahlende Fugato schließt in tiefer Lage unter chromatisch getrübten Harmonien. Dadurch wirkt der folgende Choraleinsatz hell und fern – wie eine Illusion: ein prophetischer, schmerzhafter Augenblick der Wahrheit.

Hüter, ist die Nacht bald hin?

UA Leipzig 1840

Felix Mendelssohn Bartholdy

ITALIENISCHE

Als *das Lustigste, das ich je gemacht habe* kündigte der Zweiundzwanzigjährige in einem Brief aus Italien seine neue Sinfonie an. So aufgeräumt wie dieser Brief beginnt sie – er wusste wohl noch nicht, wie verstört sie enden würde. Zwar weckte ihre Uraufführung 1833 in seiner Wahlheimat England Begeisterung, aber Mendelssohn zog sie zurück. In mehreren Anläufen überarbeitete er sie – vergeblich: erst nach seinem Tode wurde sie von seinem Jugendfreund Julius Rietz (er hatte für Felix die Matthäus-Passion abgeschrieben) – als *Italienische* veröffentlicht.

Mendelssohn konnte hervorragend zeichnen und malen. Auf seinen hochästhetischen Bildern aus Italien sieht man sonnige Landschaften mit vielen Details, aber kaum Menschen. Er scheute sich, Menschen darzustellen, und er scheute die Selbstdarstellung: Als Dirigent der Werke anderer Komponisten war er Feuer und Flamme, seine eigenen Werke trug er distanziert vor – wie etwas Fremdes.

In Italien muss Mendelssohn beim Schreiben der Sinfonie, die lustig werden sollte, plötzlich sich selbst begegnet sein – wie einem Fremden. Das war nicht lustig, denn die Frage *Wer ist das?* forderte unausweichlich eine überzeugende kompositorische Antwort.

Die Exposition des ersten Satzes *Allegro vivace* – mit dem elastisch federnden Hauptthema und einer italienischen Landschaft als Seitenthema – ist locker, aber in der Durchführung tritt ein erregtes und erregendes Gegenthema an, das die Athmosphäre aufheizt. Der Versuch in der Coda, beide Themen in A-Dur zu vereinen – das Ego mit seinem Widerspruch zu versöhnen – hält nur vier Sekunden an, dann zerreißt die Harmonie. Das Thema des Widerspruchs triumphiert.

Die Frage *Wer bin ich?* steht unsichtbar auch über allen folgenden Sätzen:

Der zweite Satz *Andante con moto* – eine fragmentarische, melancholische Studie der Zerrissenheit – ohne Entwicklung, ohne Schluss – scheint zu antworten: Ich bin einsam und heimatlos. Das Thema zitiert das Im *Faust* von Gretchen geistesabwesend angestimmte, sehnsuchtsvolle Lied: *Es war ein König in Thule*, was möglicherweise auch auf Goethes und Zelters Tod bezogen ist.

Der dritte Satz *con moto moderato* – mehr ein Stimmungsbild denn ein Charakterstück – zeigt einen eleganten, blassen, reserviert lächelnden Weltreisenden, den Hut lässig in der rechten Hand.

Der vierte Satz *Presto* ist – besonders aus heutiger Sicht – schrecklich! Was da folklorehaft harmlos *Saltarello* (ein schneller Springtanz) heißt, ist nichts anderes als der klingende Alptraum der jüdischen Seele, eine musikalische Halluzination von Verfolgung und Flucht, ein panisches Pogromfinale in dis-sonantem, a-tonalem a-Moll. Der Schluss wirkt wie ein Abschiedsbrief – lakonisch, nicht so lustig wie der erste aus Italien.

Die *Italienische* ist die einzige Sinfonie der Klassik und Romantik, die in hellem Dur beginnt und in düsterem Moll schließt.

Ahnte Mendelssohn, was er da prophezeit hatte? Legte er deshalb die *Italienische* beiseite?

UA London 1833

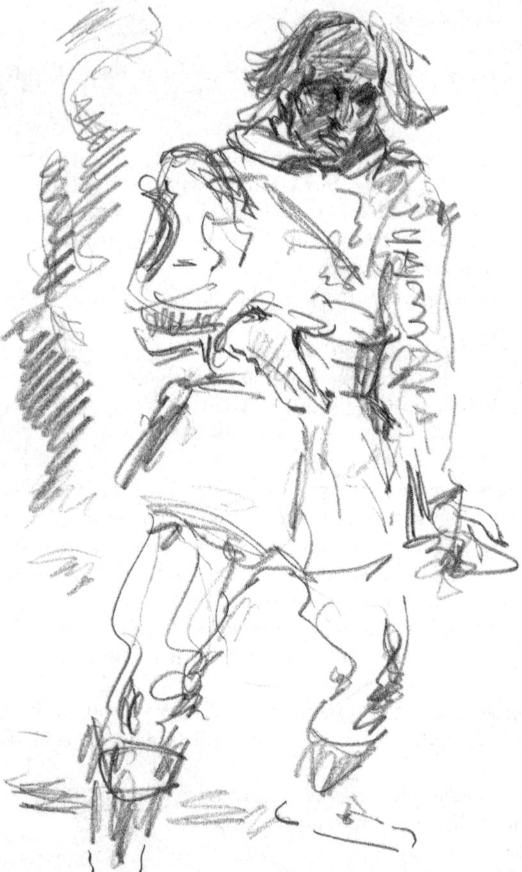

Felix Mendelssohn Bartholdy

SCHOTTISCHE

Ich glaube, ich habe heute den Anfang meiner schottischen Sinfonie gefunden, schrieb Mendelssohn 1829 aus Edinburgh an seinen Vater in Berlin. Von der ersten Skizze bis zur bejubelten Uraufführung im Leipziger Gewandhaus vergingen aber noch dreizehn Jahre.

Die *Schottische* ist ein Meisterwerk sui generis. Sie verkörpert vollendet Mendelssohns Idee einer klassischen Sinfonie als romantischer Reisebericht – und sie zeigt, zu welchem Klangideal er als Dirigent sein Gewandhausorchester erzog: Die Sinfonie ist eine Etüde für Präzision und Transparenz. Die Partitur ist so angelegt, dass man – bei ausgewogener dynamischer Balance der Instrumentengruppen, plastischer Phrasierung, und angemessenen (nicht überhetzten) Tempi – jederzeit jedes Instrument hören kann.

Alle Sätze folgen pausenlos aufeinander – horror vacui als künstlerisches Programm. In der Einleitung schildern die Violinen in einem exaltierten Rezitativ die Höhepunkte der Reise.

Die *Schottische* wird geprägt von kurzatmigen, nervösen Themen und lang gezogenen, ausdrucksvollen Kantilenen – in der Mitte des ersten Satzes nimmt eine Cellokantilene das Violinenthema tröstend ans Herz wie im Gleichnis der Vater seinen verlorenen Sohn.

Die Bögen der Form sind gut zu erkennen, denn bei jedem Übergang hält die Bewegung kurz inne.

In der Coda erleben wir (vom Ufer aus) einen dramatischen Seesturm – fährt da draußen Richard Wagner auf dem Holländerschiff vorbei?

Der zweite Satz ist eine Ecossaise als Scherzo. Mendelssohn persifliert das permanente Legato des Dudelsacks: Das Thema *dudelt*, und bei den hüpfenden Punktierungen glaubt man die Schottenröcke tanzen zu sehen.

Der dritte Satz ist eine Elegie. Die wunderbare Melodie – ein wie mit dem Silberstift gezeichnetes Porträt – wird kontrapunktiert von einem Trauermarsch: memento mori in der Einsamkeit der schottischen Highlands.

Der vierte Satz beschwört die blutrünstige, kriegerische und verworrene Geschichte Schottlands. Macbeth und Maria Stuart geistern durch die Szene. Mendelssohns Schilderung des Schlachtgetümmels ist nicht ohne Spott; da die Schlacht nach den Gesetzen der Sonate abläuft, bleibt die Musik Sieger, und die Akteure verlieren sich im Nebel.

Dann werden die Gläser gehoben, die Fahnen gehisst, und mit einer applausträchtigen Hymne schließt der romantische Reisebericht.

UA Leipzig 1842

FELIX MENDELSSOHN BARTHOLDY

OUVERTÜRE DIE HEBRIDEN

Fingals Höhle

Die schottischen Hochlande und das Meer brauen miteinander nichts als Whisky, Nebel und schlechtes Wetter. Die Fahrt mit dem Dampfschiff (1829!) war alles andere als erfreulich. Als wir an den Hebriden, jener sagenumwobenen Inselgruppe, vorbeikamen, wollten Einige trotz der tobenden See die berühmte Höhle der Wahrsagerin Fingal sehen. Und so wurden wir in Booten ausgesetzt und kletterten bald darauf am gischtigen Meer zu jener Grotte. Ein grüneres Wellengetöse schlug allerdings nie in eine seltsamere Höhle – mit ihren vielen geborstenen Pfeilern dem Inneren einer ungeheuren Orgel vergleichbar. Um euch zu verdeutlichen, wie mir zumute war, fiel mir eben folgendes ein … und Mendelssohn fügt den Anfang der Ouvertüre als Particell (Partiturskizze) bei. Uns fällt sofort auf, dass er das Thema doppelt so breit notiert wie später in der fertigen Partitur (1833) – so fiel es ihm ein: als stehendes Bild, seltsam, zeitlos.

Mendelssohn hat die 80 Meter lange, 36 Meter hohe, von Basaltsäulen getragene gigantische Meereshöhle auch gezeichnet – anscheinend herrschte gerade Ebbe. Ein Krösus sollte sie als Konzertsaal nachbauen lassen!

Wenn man die Zeichnung betrachtet, fängt die Ouvertüre aus der Stille an zu klingen.

Die Ausarbeitung hielt Mendelssohn drei Jahre in Atem – noch 1832 schreibt er an seine Schwester Fanny: *Die Hebriden Ouvertüre habe ich immer noch (nicht) ganz vollendet. Der Mittel-*

teil riecht noch zu sehr nach Kontrapunkt und sollte doch nach Salzluft, Meer und Möwen schmecken ...

Die Ouvertüre ist keine naturalistische Landschaftsmalerei (Richard Wagner), sie ist eher eine sinfonische Dichtung (Hans von Bülow) – nur gab es diesen Begriff noch nicht. Das Tempo wogt wie die Dünung des Meeres, aber die musikalischen Strukturen stehen wie Felsen in der Brandung. Das fallende, flüchtige, monoton wiederholte Thema spricht von Ewigkeit und Vergänglichkeit, die der Betrachter (das atmende, warme Seitenthema in Violoncelli, Fagotten und Klarinetten) beim Anblick des Naturschauspiels empfindet. Ob man die triumphalen Trompetensignale und die wie Echos verhallenden Rufe als Zeichen aus der Vergangenheit oder der Zukunft deutet, ob man bei dem zwischen Streichern und Bläsern spukenden Fugato des Themas drohende Dämonen oder neckende Nixen vor sich sieht – jeder Musiker und Hörer wird in seiner Fantasie einen Aufruhr erleben bei dieser hoch inspirierten und doch ungreifbaren Musik!

Überraschend und geheimnisvoll ist der Schluss: Als der Betrachter, das tosende Meer in der Seele, sich zum Gehen wendet, ruft eine leise Stimme aus der Grotte ihm etwas nach – war das die Wahrsagerin Fingal? Was hat sie gesagt?

UA Berlin 1833

Felix Mendelssohn Bartholdy

MUSIK ZU SHAKESPEARES EIN SOMMERNACHTSTRAUM

Vier leise Bläserakkorde mit Fermaten und Atempausen, sich in Höhe und und Tiefe weitend, der erste Akkord nur zweistimmig (Flöten), der zweite schon vierstimmig (dazu Klarinetten), im dritten dazu Fagotte und (hohes) Horn, im vierten dazu Oboen und (tiefes) Horn. Die ersten beiden Akkorde (E-Dur, H-Dur) gehören zusammen (Tonika, Dominante) wie die beiden Silben des Wortes *Som-mer*, der dritte Akkord (a-Moll, die nach Moll eingetrübte Subdominante) klingt dunkel und fremd wie das Wort *Nacht(s)*, der vierte und längste Akkord (wieder E-Dur, aber nun auf fünf Oktaven geweitet) öffnet einen geheimnisvollen, unendlichen Raum wie das Wort *Traum*.

Som-mer-nachts-traum entsteht als Klangwort in unserem Ohr. Diese vier einfachen, aber genau dem Wortklang abgelauschten Akkorde begründeten den Ruhm des siebzehnjährigen Felix Mendelssohn – und sie kündigten schon den künftigen Gewandhauskapellmeister an, denn ohne gestaltende Probenarbeit sind diese Akkorde nicht zu haben: um bei zunehmender Instrumentenzahl und Amplitude die Gesamtwirkung eines *sempre pianissimo* zu erzielen, müssen die Akkorde in abnehmender Dynamik gespielt werden (also etwas stärker beginnend); zudem ist der vierte wegen seiner weiten Lage ein Intonationskunststück. Erst wenn der Anfang *stimmt*, dürfen die Streicher wispern und wie Grillen zirpen, die Rüpel (in der Musik) poltern und wie Esel iahen, dürfen (in der Fantasie) die verirrten und verwirrten Liebenden zueinanderfinden – eine brillante, leichtfüßige, alle und alles verzaubernde, mit einem Wort: geniale Ouvertüre.

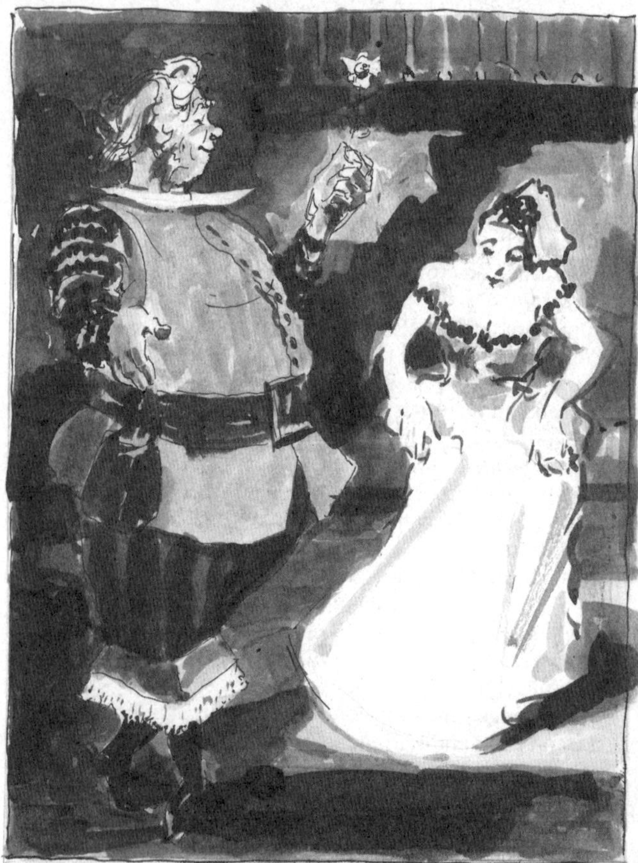

Ein Blick in die Partitur lässt uns stutzen: Was ist eine Ophicleide? Man suchte damals ein tiefes, kräftiges, bewegliches, Legato-fähiges Blasinstrument – heute nimmt man dafür eine kleine Tuba.

Fünfzehn Jahre nach der Ouvertüre schrieb Mendelssohn im Auftrag des kunstsinnigen preußischen Königs für dessen Hoftheater eine an seine Ouvertüre anknüpfende Schauspielmusik zum *Sommernachtstraum*. Sie ist aufwändig (mit Soli und Chor, womöglich auch Ballett); es gehören viel Glück und Verstand dazu, dass im heutigen (nicht immer kunstsinnigen) Theater Shakespeares Schauspiel (natürlich in der romantischen Übersetzung von Schlegel/Tieck) und Mendelssohns Musik – wie die sich suchenden Liebenden – zusammenfinden, dann aber ist die Freude groß! Die Musik betont das Traumartige des Schauspiels, da sie meist erst einsetzt, wenn die Akteure schlafen, und schafft so ein Gegengewicht zur Drastik der Handlung.

Eine Freude für das Konzertpublikum ist die aus den Zwischenspielen der Schauspielmusik zusammengestellte Sommernachtstraum – Suite mit Ouvertüre, Scherzo (ein Vergnügen für den fitten Flötisten, für das übrige Orchester eher schweißtreibend!), Notturno (Traum jedes Hornisten!) und dem festlichen Hochzeitsmarsch: Tatata Tah! – und alle Herzen schlagen höher!

UA Ouvertüre: Stettin 1827, Schauspielmusik: Berlin 1842

Felix Mendelssohn Bartholdy

VIOLINKONZERT E-MOLL

Ich möchte Dir wohl auch ein Violinkonzert machen für den nächsten Winter, eins in e-Moll steckt mir im Kopfe, dessen Anfang mir keine Ruhe läßt, schrieb Mendelssohn im Sommer 1838 an Ferdinand David, Konzertmeister des Gewandhausorchesters. Dieser antwortete: *Ich verspreche* Dir *es so einzuüben, dass sich die Engel im Himmel freuen sollen.*

Die Engel mussten sich bis 1844 gedulden, aber das Zusammenwirken der Jugendfreunde bei der Ausgestaltung des virtuosen und dabei schwerelosen Soloparts verlief glücklich: Das Konzert ist aus einem Guss, hat eigene Form und unverwechselbaren Stil.

Der Begrüßungsapplaus für den Solisten ist kaum verhallt, da schweben schon die Töne der Geige wie freudige Engel durch den Saal ... welch eine hinreißende Melodie! Elegant und volkstümlich, leidenschaftlich und traurig – kein Wunder, dass sie Mendelssohn keine Ruhe gelassen hatte.

Selbstbestimmt wie dieser Anfang ohne einleitendes Tutti geht es weiter: Die Kadenz erklingt schon in der Mitte des ersten Satzes; als deren kraftvolle Akkorde sich in ein leises Wirbeln des Bogens über die Saiten aufgelöst haben, ersteht darin die Melodie. Der Satz schließt mit einer furiosen Stretta, aber aus einem wie vergessen nachklingenden Ton (Fagott) erwächst der zweite Satz, Mendelssohns schönstes Lied ohne Worte – *Worte*, sagte er, *scheinen mir vieldeutig, unbestimmt, missverständlich im Vergleich zu einer Musik, die einem das Herz erfüllt mit tausend besseren Dingen als Worten.* Ein überleitendes Rezitativ zieht Bilanz; sein Tonfall ist jüdisch, weise und wehmütig, als wollte es sagen: Gibt es etwas Vertrauenswürdigeres als musizierende Menschen? Dritter Satz: Elfentanz einer vertrauenswürdigen Menschheit – wenigstens für die Dauer der Musik möchte man daran glauben! In der Mitte übernehmen die Streicher die Elfenmusik, und ein neues Thema – bezaubernd, sehr weiblich, als würde Eva dem träumenden Adam aus dessen Rippe erschaffen, erscheint in der Solovioline. Kurz darauf grundiert dieses Thema im Orchester den Elfentanz von Bläsern und Solist: ein paradiesischer Glücksmoment, der dem Publikum das Programm, den Musikern die Noten vor den Augen verschwimmen lässt.

Das Zusammenwirken großer Komponisten mit großen Geigern – Beethoven und Franz Clement, Mendelssohn und Ferdinand David, Brahms und Joseph Joachim (der als Schüler Davids das seinem Lehrer gewidmete Konzert mit vierzehn Jahren in Dresden spielte) – hat Meisterwerke entstehen lassen, die den Klang unserer Orchester geprägt haben. Dies sollte in der gegenwärtigen Verwirrung (Vibrato oder kein Vibrato?) nicht vergessen werden!

Robert Schumann wäre sehr unglücklich gewesen, wenn er erlebt hätte, dass sein nachgelassenes, erst 1937 aus der Taufe gehobenes *deutsches* Violinkonzert das verbotene *jüdische* seines Freundes ersetzen sollte – aber es gab es in der Nazizeit auch mutige Musikjournalisten, die im Berliner Rundfunk (meine Mutter Adelheid Zur hat als Pianistin solche Sendungen gespielt) Werke von Mendelssohn ansetzten und als *von Herrn Bartholdy* abkündigten.

Romantik in klassischem Maß, Klassik in romantischem Feuer – das ist es, was Schumann an Mendelssohn bewunderte: *Er ist der hellste Mensch, der die Widersprüche der Zeit am klarsten durchschaut und zuerst versöhnt,* und er machte Mendelssohn das höchste Kompliment unter Romantikern: *Er ist der Mozart des neunzehnten Jahrhunderts.*

UA Leipzig 1845

Olivier Messiaen

OISEAUX EXOTIQUES

Ein Klavierkonzert als Zoobesuch? Als globaler ornithologischer Kongress? Als Studienreise nach Amerika, China, Malaysia und Indien, um die Stimmen exotischer Vögel einzufangen? Auf jeden Fall versprechen die *Oiseaux exotiques* fünfzehn Minuten voll leuchtender Farbklänge! Es wirken mit: neunzehn Instrumentalisten in akustisch ausgetüftelter Aufstellung; davon als Solisten: Klavier, Xylofon, zwei Klarinetten sowie neun weitere Bläser und sechs Schlagzeuger.

Olivier Messiaen studierte 1919 bis 1930 am Pariser Conservatoire bei Marcel Dupré (Orgel) und Paul Dukas (Komposition). Er war der einflussreichste französische Komponist des 20. Jahrhunderts; zu seinen bedeutendsten Schülern zählte Pierre Boulez, der *Oiseaux exotiques* bei Messiaen in Auftrag gab. Es ist der Pianistin Yvonne Loriod gewidmet.

Ich habe gelernt, zu hören; was mich am meisten erneuert hat, war mein Umgang mit den Vögeln. Ich verwende den Gesang der Vögel, weil für mich diese Tiere die größten Komponisten sind! Ich lasse mir die Musik, die Melodie, den Rhythmus diktieren. Die Umsetzung der Klangfarben ist sehr schwierig, man braucht bestimmte Kombinationen von Klängen und Instrumenten. Das Klavier kann im Tempo mit den Vögeln wetteifern, auch Xylofon, Piccolo und Flöte.

In der Partitur findet man von 47 aufgezählten exotischen Vögeln acht präzise beschrieben:

Der indische Mainate ist ein dicker schwarzer Vogel mit gelbem Hals. Er stößt eigenartige Schreie aus, die dem menschlichen Wort ähnlich sind. Mit seiner Begrüßung beginnt das Konzert!

Vocifération implacabile unerträgliches Geschrei empfängt uns – *doch wir lernen, zu hören.* Das Klaviersolo bringt in seinen fünf Kadenzen vor allem die Rufe folgender Vögel: *chinesischer Leiothrix, amerikanische Walddrossel, virginischer roter Kardinal.* Die Ensemble-Teile sind in regelmäßiger Taktart notiert, die Klavierkadenzen in unregelmäßiger Taktart, aber mit exakten kleinen Werten – der *virginische rote Kardinal* würde seinen Gesang wiedererkennen! Nach der dritten Klavierkadenz beginnt das gemeinsame Konzertieren der Instrumente bzw. der Vögel. Hier wird das Xylofon zum zweiten Solisten als *Baltimoretrupial* mit seinen *fröhlichen Vokalisen*, die beiden großen Klarinetten imitieren gemeinsam und sehr anmutig die *Wanderdrossel.* Die vierte, größte Klavierkadenz eröffnet mit dem *Katzenvogel – dieser hat dunkel-schiefergraues Gefieder mit schwarzer Kappe. Er beginnt seine Strophen mit einem Miauen.* Mit dem folgenden Schlusstutti erreichen wir wieder den Ausgangspunkt unseres ornithologischen Zoorundgangs – eine frappant einfache musikalische Form! Die *amerikanische Walddrossel* verabschiedet uns poetisch in der fünften Kadenz – schade, dass wir sie nicht verstehen. Der *indische Mainate,* der uns eingangs begrüßte, schreit uns etwas hinterher – gut, dass wir ihn nicht verstehen. *Vocifération implacabile* entlässt uns, *doch wir haben gelernt, zu hören.*

Wer hätte gedacht, dass die Collage globaler Vogelstimmen eine so amüsante, faszinierende, vitale Musik sein kann!

UA Paris 1956

Claudio Monteverdi

DIE KRÖNUNG DER POPPEA

Die letzte Oper des ersten Meisters dieser vielversprechenden Gattung ist die unmoralischste Oper, die je geschrieben wurde! Zugleich ist sie diejenige mit der größten Gestaltungsfreiheit, denn weder sind die Gesangsfächer eindeutig festgelegt, noch gibt es Angaben zur Instrumentalbesetzung.

Historisch wird Kaiser Nero mit dem Brand Roms (64 n. Chr.) in Verbindung gebracht. Er ließ seine Mutter sowie seine Gattin ermorden und vermählte sich mit Poppea Sabina.

Das dramaturgisch ausgezeichnete Libretto des venezianischen Advokaten Giovanni Busenello lässt zunächst drei göttliche Grazien mit eindeutig zweideutigem Charakter zu Wort kommen: *Fortuna* – das Glück, der Zufall, aber auch die Gelegenheit, die Diebe macht; *Virtù* – die Tugend, die Kraft, aber auch der Ehrgeiz, der über Leichen geht; *Amor* – die Liebe, die Lust, aber auch der Trieb, dessen Befriedigung jede Untat rechtfertigt. Dann beginnt die Oper: Zwei gähnende Soldaten bewachen die erste Liebesnacht von Nero und Poppea. Aber Poppea will mehr, sie will Kaiserin werden. Dafür müssen ihr Gatte Ottone, die Noch-Kaiserin Ottavia und der Philosoph Seneca, moralische Instanz Roms und Neros strenger Erzieher, aus dem Weg geräumt werden. Ottavia willigt nach einem gescheiterten Racheversuch (Ottone sollte Poppea ermorden, aber Amor selbst schützte sie) in die Scheidung ein, Ottone geht in die Verbannung, Seneca trinkt mit stoischer Ruhe, chromatisch beweint von seinen Schülern, den Schierlingsbecher. Am Schluss sitzen Nero und Poppea auf dem Kaiserthron und langweilen sich in einer melancholischen

Passacaglia, da sie nun keine Feinde mehr haben. Die amoralische Moral: Gerechtigkeit gibt es nicht (Seneca ist tot), das Böse triumphiert und faltet dabei fromm die Hände. Liebliche Melodiefloskeln, die sanft und mit kichernden Trillern kadenzieren. Scheinheiligkeit – diesen Ausdruck beherrscht die Kunstform der Oper schon seit Monteverdi!

Das Notenbild der bald vierhundertjährigen Partitur ist plastisch, man weiß sofort, was zu tun ist: die in breiten *hellen* Werten notierten Teile sind wie ein Malbuch, das mit Ausdruck, vokaler und instrumentaler Fantasie koloriert werden soll; die in kurzen, *dunklen* Werten notierten Teile sind präzise und virtuos auszuführen. Wie ein spielendes Kind wechselt die Musik zwischen Betrachtung und Tanz.

Die variablen Besetzungsmöglichkeiten der als Sprechgesang angelegten Partien offenbaren das androgyne Wesen der Oper: Nero kann von einem Sopran oder einem Tenor gesungen werden, Poppeas Amme Arnalta – Urbild aller komischen Alten – kann von einem Tenor oder von einer Altistin gesungen werden. Jede Instrumentalbesetzung – vom Kammerensemble bis zum großen Orchester – ist zulässig. Für den Continuo kommen Cembalo, Streicher, Harfe, Lauten und Orgeln infrage.

Verlockend wäre der Gedanke, *Die Krönung der Poppea* als Musical aufzuführen: mit Schlagzeug und Elektronik – blitzartig würde klar, wie nah an Monteverdi die Musicalszene agiert – und wie avantgardistisch dieses Frühwerk ist!

UA Venedig 1642

Wolfgang Amadeus Mozart

VIOLINKONZERT A-DUR

Allegro aperto (offen, unbeschwert). Die einleitende Tutti-Exposition präsentiert die Themen, aber noch ohne Zusammenhang, Modulation und Entwicklung – wie Partygäste, die schwatzend vor der Haustür warten. Plötzlich bricht das Palaver ab – die Solovioline setzt mit einer *Adagio*-Kantilene ein: in der offenen Tür steht Mozart und lächelt schalkhaft. Ein ungläubiges Flüstern entsteht (schnelle Begleitfiguren): *wie jung er ist!* Man verbeugt sich (Fermate). Dann bittet Mozart seine Gäste herein, und das eigentliche Konzert beginnt als Wiederholung der Exposition, aber diesmal führt die Solovioline die Themen unbeschwert und lebhaft zusammen, modulierend und mit tollen virtuosen Steigerungen. Das brav stapfende Einleitungsthema des Orchesters wird zur Begleitung für ein kühnes Solothema, das über vier Oktaven in die Tiefe springt; beim kecken Seitenthema fangen die Gäste ihrerseits an, freche Begleitfiguren zu erfinden – die Party kommt in Schwung!

Adagio. Ein Satz von schmerzhafter Schönheit! Ganze neunzehn Jahre ist Mozart alt – und kennt schon den silbernen Ton des Lächelns unter Tränen. Das Hauptthema erwächst aus fünf leichten und einem schweren Seufzer. Das Seitenthema verströmt Liebe, hebt bittend die Hände – und wendet sich resigniert ab. In der Durchführung entwickelt sich die Stimmung *fast zu ernst* (gis-Moll) wie später bei Schumann, die Rückkehr zur Reprise kommt schon so verschleiert daher wie später bei Brahms – was für romantische Vorahnungen!

Rondeau. Tempo di Menuetto. Das leichtfüßige Finale spielt mit allen Formen: Es ist galante Unterhaltung, Menuett mit Überraschungstrio, Variationssatz, Sonatensatz – ein geniales Formenkaleidoskop! Die Überraschung offenbart sich als dramatisches Minore *alla turca*: Das Orchester grollt düster, die Solovioline fuchtelt wild, die tiefen Streicher schlagen geräuschvoll mit dem Bogenholz auf die Saiten (*coll'arco al roverscio*). Türkische Musikparodien waren beliebt; auch damals verbarg sich Angst hinter dem Spott.

Das Konzert verabschiedet sich zweimal: erst offiziell im Orchester, dann persönlich in der Solovioline – und wie bei der Begrüßung lächelt Mozart schalkhaft – ahnte er, dass dieses Jugendwerk das meistgeübte Violinkonzert der Musikliteratur werden würde? Bei jedem Geigenprobespiel in jedem Orchester auf der ganzen Welt setzt Mozarts A-Dur-Konzert technisch und stilistisch den Maßstab – dass die Musiker es trotzdem lieben, ist das schönste Kompliment!

Entstehung Salzburg 1775

Wolfgang Amadeus Mozart

KLAVIERKONZERT D-MOLL

Wenn der erste Satz mit seinen dumpfen Schlägen und unruhigen Synkopen anhebt, geraten wir in Aufregung, als pochte jemand an die Tür – ist das schon der Komtur? Geisterte die Giovanni-Musik schon in Mozarts Kopf, zwei Jahre vor der Komposition? Der dämonische *Prager* Ton ist jedenfalls unüberhörbar. Das Seitenthema stockt und zittert (Oboe, Flöte), die Schlussgruppe bricht herein wie ein Unwetter (donnernde Blechbläsersforzati und Streichertremoli wie peitschender Regen), die Coda – eine elegische Streicherpassage mit wunderbaren Innenstimmen – greift uns ans Herz. In dieser Atmosphäre setzt unerwartet das Klavier ein, improvisierend, fragend, zögernd, dann aber wird es vom dramatischen Sog des Satzes mitgerissen. Eine geradezu magische Musik! Während des Orchestervorspiels hatten wir vergessen, dass das Klavier spielen wird, dann erlebten wir einen packenden Disput zwischen Klavier und Orchester, aber während des langen Nachspiels vergessen wir, dass das Klavier gespielt hat...

Diesem hoch gespannten, am Schluss schockartig ersterbenden ersten Satz musste Mozart einen einfachen, kräftigen Kontrast folgen lassen. Die schwärmerische B-Dur-*Romanze* verbreitet reine Glücksgefühle – den polternden g-Moll-Mittelteil muss man nicht unbedingt als Ehekrach auffassen; man darf auch nur die Behändigkeit des linken Pianistenarmes bewundern!

Wir lächeln noch der Romanze nach, da fährt schon das Klavier wie zornig mit dem d-Moll-Hauptthema des Rondos dazwischen – und was das Klavier kann, kann das Orchester längst: Toben! Spätestens jetzt fragen wir uns, ob es sich bei diesem

Konzert nicht eigentlich um eine Sinfonie mit Klavier handelt? Dieser Meinung war auch der junge Beethoven. Er liebte das d-Moll-Konzert, spielte es und schrieb sich dafür Kadenzen (Mozart selbst hatte das Konzert schon einen Tag nach der Niederschrift uraufgeführt und musste seine Kadenzen aus dem Stegreif spielen). Auch das Seitenthema steht in Moll (das dürfte dem grimmigen Beethoven besonders gefallen haben), dafür aber gibt es eine Coda in Dur mit einem entzückenden Gassenhauer, der am Ende des turbulenten Satzes die Oberhand behält, und den das Publikum als Ohrwurm mit in die Pause nimmt!

UA Wien 1785

Wolfgang Amadeus Mozart

KLAVIERKONZERT B-DUR

Frühlingskonzert

Siebenundzwanzig Klavierkonzerte! Das sind siebenundzwanzig Beiträge zum Thema *Genie und Gesellschaft*, oder musikalisch-technisch gesagt: Lösungsvarianten zur kompositorischen Aufgabe, einen orchestral-sinfonischen Formverlauf durch solistisch-konzertante Elemente aufzulockern, zu bereichern, zu entwickeln und zu hinterfragen. Bekommt das Klavier ein eigenes Thema, und wenn ja, in welchem Charakter? Soll das Konzert intim (mit Holzbläsersoli) oder offiziell (mit Pauken und Trompeten) angelegt werden?

Mit seinen Klavierkonzerten schrieb Mozart eine wahre Erfolgsgeschichte – das Dialektische des Konzertierens lag ihm im Blut. Das letzte Konzert profitiert von seinen reichen Erfahrungen – es ist mit lockerer Hand meisterhaft gearbeitet; der geschmeidige Klavierpart mit seinen fantasievollen Kadenzen ist einfach *vollendet*. Das Konzert klingt heiter; gelegentliche harmonische Schatten (im Seitenthema des ersten Satzes) huschen schnell vorüber.

Über dem sanft pulsierenden B-Dur-Dreiklang steigt das hübsche Hauptthema (Violinen) des ersten Satzes erwartungsvoll hinauf – wie ein Kind auf die Rutsche – und lässt sich genüßlich wieder hinabgleiten. Und wie die Mama rufen die Bläser (mit hellen hohen Hörnern): Das war schön! Der Solist findet das auch – er übernimmt das Thema und schmückt es artig aus. In der Durchführung moduliert das Thema in feinem Wechselspiel von Klavier und Orchester – sempre piano aber sehr hellhörig – durch die Tonarten: h-Moll, C-Dur, Es-Dur, es-Moll, dann gerät es in den

Bann der Chromatik. In der Rückführung begleitet das Klavier anmutig einen Kanon von Oboe und Fagott – idyllischer ist nie eine Reprise vorbereitet worden!

Der erste Satz schließt mit einer graziösen Geste, und eigentlich kann es gleich weitergehen, denn das Larghetto greift diese Geste sofort auf. Hier möchte das Klavier singen oder noch viel lieber fliegen können! Die Musik sehnt sich nach irgendetwas – ist es die *Sehnsucht nach dem Frühling*?

Komm, lieber Mai, und mache ... durch Mozarts Lied über das Gedicht des Lübecker Bürgermeisters Christian A. Overbeck, das dieser für seine Kinder schrieb (darunter der spätere romantische Maler Friedrich Overbeck), erhielt dieses Konzert den Namen *Frühlingskonzert*. Mit ein paar kleinen Kunstgriffen (Weglassung des Auftaktes, wiegend-tanzende Phrasierung) verwandelt Mozart die kindliche Melodie in ein bezauberndes Rondothema. Nun muss der Frühling kommen – sein blaues Band flattert schon in flotten pianistischen Sechzehntelsextolen von den Tasten durch die Lüfte!

UA Wien 1791

Modest Petrowitsch Mussorgski

BORIS GODUNOW

Musikalisches Volksdrama

Wie ein Volkslied beginnt es, traurig und verloren: das Drama des russischen Volkes, das arm und hungernd, rechtlos und gepeinigt von Tyrannei zu Tyrannei taumelt – wer kommt als Nächstes? Dimitrij, der Zarensohn (Zarewitsch) ist gestorben. Boris Godunow soll die Zarenkrone annehmen, doch der will gebeten werden – *Betet! Wird's bald?* brüllt der Vogt und schwingt die Knute. Dann läuten im Kreml die Krönungsglocken: düster und drohend, schrill und schreiend.

Im kyrillischen Tschudow-Kloster schreibt der alte, halb blinde Mönch Pimen an der russischen Chronik. Als er von der Ermordung des Zarewitsch spricht, horcht der junge Mönch Grigorij auf – dann flieht er aus dem Kloster. An der litauischen Grenze entgeht er knapp seinen Häschern.

Zar Boris will von Fürst Schuiskij wissen, wie der Zarewitsch starb – weiß er das wirklich nicht? Als die Glockenspieluhr schlägt und ihre Figuren als riesige Schatten über die Wände wandern, bricht er unter seinen Gewissensqualen zusammen.

In Polen gibt sich Grigorij als Zarewitsch Dimitrij aus. Der Jesuit Rangoni setzt die schöne Marina Mnischek auf ihn an: Sie soll Zarin und Rußland katholisch werden.

Vor der Moskauer Basilius-Kathedrale quälen Kinder einen Irren (russisch: Idiot). Als der Zar – bleich und gealtert – aus der Kirche tritt, schreit die Menge nach Brot. Der Irre bezichtigt Boris unverhohlen des Mordes am Zarewitsch. Fürst Schuiskij will ihn bestrafen lassen, aber Boris gebietet Einhalt und bittet den Irren: *Geh beten für mich, du Heiliger.* Da wehrt der Irre ab: *Das darf man nicht, Boris! Man darf nicht beten für den König Herodes.*

In einer nächtlichen Duma-Sitzung berichtet der greise Mönch Pimen von dem Wunder, durch das er am Grabe des Zarewitsch sein Augenlicht wiedererlangte. Als der schlafwandelnde, wahnsinnige Zar Boris das vernimmt, erliegt er einem Herzanfall.

Im Wald bei Kromy haben aufgebrachte Bauern einen verhassten Bojaren gefesselt. Die Volkswut steigert sich zur Raserei. Da erscheint (der falsche) Dimitrij mit seinen Anhängern. Er lässt den Bojaren befreien und zieht unter dem Jubel des Volkes weiter gen Moskau. Der Irre bleibt zurück und beweint das arme, hungernde Russland, das von Tyrannei zu Tyrannei taumelt ...

Holzschnittartige, harte Harmonik; abrupte Wechsel der Metrik, plakativ eingesetzte Volks- und Kirchengesänge; eruptive Monologe, drastische Dialoge und brutale Massenszenen – Puschkins dramatische Chronik von Boris Godunow wird durch den genialen Zugriff Mussorgskis zu einem revolutionären Ereignis. Die originale Orchestration ist spielbar, aber klanglich asketisch (Manfred Schandert). In der angemessenen Bearbeitung von Dmitri Schostakowitsch, die dieser 1940/41 als Akt des inneren Widerstands gegen die Tyrannei Stalins schuf, gehört das Werk seit 1959 (Leningrad) und 1960 (New York) zum Weltrepertoire.

Drei Stunden bittere Wahrheit – Respekt für dieses grandiose musikalische russische Volksdrama!

UA Petersburg 1874

Jacques Offenbach

HOFFMANNS ERZÄHLUNGEN

In einer Berliner Studentenkneipe erzählt *Hoffmann* von den drei Frauen seines Lebens – oder waren es drei Facetten nur einer Frau? Eigentlich wollte er in der Oper die berühmte *Stella* (als Donna Anna) erleben, aber er hielt es dort nicht aus. Mit Trinken und dem Lied vom hässlichen Zwerg Kleinzack betäubt er seinen Schmerz. In der Kneipe mit anwesend sind zwei Figuren, die von den Studenten nicht wahrgenommen werden: *Niklas*, Hoffmanns zweites Ich, seine innere Stimme und Muse – und sein *Widersacher*. Dieser wechselt in jeder Szene die Gestalt: Hier sitzt er als *Stadtrat Lindorf* einen Tisch entfernt und hat bereits einen Brief Stellas an Hoffmann (mit ihrer Bitte um ein Treffen) abgefangen.

Die drei Facetten einer Frau sind: Puppe, Künstlerin und Kurtisane. *Olympia* ist ein Roboter, *Antonia*, Sängerin, ist schwindsüchtig, *Giulietta* ist Werkzeug eines Venezianischen Bravos. In allen drei Geschichten sorgt der Widersacher für Unglück: Als Erfinder *Coppelius* verkauft er Hoffmann eine rosarote Brille, mit der dieser Olympia für ein lebendes Wesen hält, dann zerschlägt er die Puppe und gibt ihn dem Spott preis. Als Arzt *Dr. Mirakel* zwingt er Antonia, die die Stimme und die Krankheit ihrer Mutter geerbt hat, mit hypnotischer Magie zum Singen: Er lässt sie die Stimme ihrer toten Mutter hören; Antonia singt ihr nach, gerät in Fieber und stirbt – Hoffmann verliert sein Lebensglück. Als Zuhälter *Dapertutto* setzt der Widersacher Giulietta auf Hoffmann an: Er soll für ihre Gunst mit seinem Schatten bezahlen (ihr und ihm verfallen). Als ein (schon schattenloser) Nebenbuhler ihn herausfordert, tötet Hoffmann diesen im Duell und muss fliehen.

Nach ihrer Vorstellung erscheint Stella im Lokal, aber der berauschte Hoffmann erkennt sie nicht – oder doch? *Sind Sie Olympia? Antonia oder Giulietta?* Stadtrat Lindorf bietet der Empörten den Arm und geht mit ihr ab.

Erster möglicher Schluss der Oper: Hoffmann und die Studenten verhöhnen die beiden mit dem Refrain des Liedes von Kleinzack.

Zweiter Schluss: Die Studenten ziehen grölend ab, Hoffmann bleibt allein zurück – nur seine Muse tröstet ihn.

Dritter Schluss: Alle Anwesenden huldigen Hoffmann – sind sie doch Geschöpfe seiner Fantasie!

Die Entstehung der Oper könnte eine Erzählung von E. T. A. Hoffmann sein: Der sechzigjährige, kranke Offenbach wollte sich vor seinem Tod noch den Wunsch erfüllen, eine romantische (und womöglich deutsche) Oper zu schreiben. Er luchste einem Kollegen das Libretto ab und stürzte sich in die Arbeit. Auf einem Hauskonzert erklangen Ausschnitte des Werkes. Paris und Wien signalisierten Interesse, verlangten aber Änderungen: Für Paris die Hauptrolle bitte als Tenor statt als Bariton, für Wien bitte Rezitative statt Dialoge! Der Librettist erfand ständig neue Varianten – wie die drei Schlüsse! Offenbach starb zwischen einem Wust von Skizzen. Ernest Guiraud ordnete und instrumentierte das Werk. Die Premieren in Paris und Wien wurden umjubelt. Danach verschwanden die Skizzen auf mysteriöse Weise und tauchen – noch heute! – allmählich wieder auf: Wissenschaftler und Verlage wittern noch posthum das große Geschäft.

Hoffmanns Erzählungen ist ein Fragment – das vollendetste Fragment der Opernliteratur!

UA Paris 1881 / Wien 1882

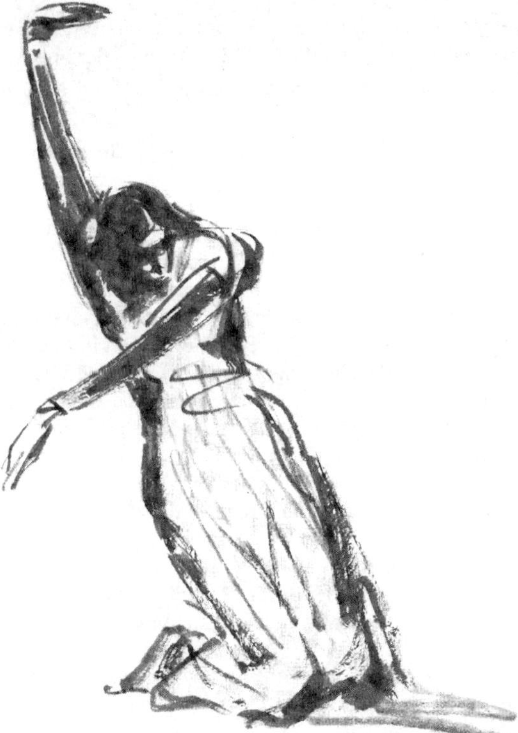

Maurice Ravel

BOLÉRO

Als die Tänzerin Ida Rubinstein bei Ravel *ein spanisches Ballett* bestellte, ahnte sie nicht, was sie damit auslöste. Ravel hatte keine Lust, seine *Rhapsodie espagnole* zu wiederholen. Er ging deshalb zum Frontalangriff über und konzipierte einen riesigen Boléro – *der* spanische Tanz schlechthin. Mit dem Lineal zog er 340 Takte einer 37-zeiligen Partitur – bei einem ¾ Takt in einem *moderato assai* Tempo von Viertel = 60 (Sekundenschlag) ergibt das genau 17 Minuten Spieldauer, und genau so lang dauert auch Ravels eigene Aufnahme. Die Partiturangabe Viertel = 72 ist zu schnell – ein Boléro ist ein träger Tanz; dass Trägheit dramatisch werden kann, galt es zu beweisen.

Zunächst erfand Ravel ein zweitaktiges Ostinato für den *Tambour* (die Militärtrommel): Beide Takte beginnen mit dem typischen Bolérorhythmus *ram, tatata tam*; der erste Takt entspannt sich, der zweite verdichtet sich und führt weiter – wie ein- und ausatmen. Dieses Zweitaktgespann wird 169-mal wiederholt (die zwei kadenzierenden Schlusstakte nicht mitgezählt). Der Schlagzeugpart ist mühelos auswendig zu lernen, aber ihn zu leisten steht dem Spieler jedes Mal bevor. Es gehört fast meditative Konzentration dazu, über 17 Minuten ein unmerkliches, aber ständiges *crescendo* vom *pp* (mit den Fingern auf dem Trommelfell) bis zum *ff* (mit harten Stöcken) auszuführen.

Über diesem Trommelostinato erfand Ravel eine Melodie, die völlig improvisiert wirkt, aber völlig konstruiert ist: Jede der vier Melodiephrasen beginnt auf einem Taktschwerpunkt, aber alle enden synkopisch. Die ersten beiden Phrasen begnügen sich (in scheinheiliger Harmlosigkeit) mit den Tönen der *reinen* diatonischen C-Dur-Skala. Die dritte und die vierte Phrase, die zusammen eine (vom Himmel in die Hölle) hinabsteigende Großphrase bilden, greifen nach den *verruchten* chromatischen Halbtönen. Die Boléromelodie hat nichts, aber auch gar nichts mit einem ¾ Takt zu tun; sie bewegt sich lässig und lasziv im jazzartigen Offbeat (Taktschwerpunkte vermeidend) dahin. Sie ist faszinierend und schwer zu merken – man kann sie gar nicht oft genug hören!

Mit hintergründigem Vergnügen befriedigt Ravel unser Bedürfnis nach Wiederholung, während er den Charakter der verschiedenen Instrumente vorführt, die sich die Boléromelodie zuspielen: von der unschuldigen Flöte, der blass-keuschen Klarinette und dem melancholisch-pubertären Fagott über die aufgeregt-hysterische Es-Klarinette, die verschämt-verliebte Oboe d'amore und die frühreif-sinnlichen Saxofone bis zur brünstig-lüsternen Posaune.

Der Mannheimer Soloposaunist Paul Schreckenberger spielte das gefürchtete Solo stets mit traumwandlerischer Sicherheit. Nach seiner Arbeitsmethode befragt, sagte er: „Eine Woche vor dem *Boléro* spiele ich das Solo einmal, am nächsten Tag zweimal und so fort, immer aus der kalten Hose und immer mit vollem Einsatz."

Engelhafte Verzückung strahlt aus der Mixtur-Episode: Das hohe Horn singt die Boléromelodie (von der Celesta verklärt). Zwei Piccoloflöten spielen sie gleichzeitig darüber in G-Dur und in E-Dur. Teuflische Besessenheit dagegen dünstet deren Parodie aus: Klarinetten und Saxofone kreischen die Boléromelodie, die anderen hohen Holzbläser spielen darüber im Quart- und Sextabstand.

Als keine Steigerung mehr möglich ist, weiten sich die Pupillen: der ganze Boléro hebt sich für acht Takte von C-Dur nach E-Dur – ein Höhepunkt in Zeitlupe! Dann setzt er in C-Dur wieder auf; vier Schlusstakte mit stöhnenden Posaunenglissandi und eine kollabierende Kadenz ... Applaus!

Ida Rubinstein tanzte *ihren Boléro* zwischen zwanzig Tänzern als erotisches Solo – mit allen Facetten! Auf dem Gruppenfoto nach der Premiere sieht man auch den musikalischen Urheber dieses *Meisterwerkes ohne Musik* (Ravel) – grinsend, beide Hände in den Hosentaschen.

UA Paris 1928

Maurice Ravel

KLAVIERKONZERT IN G-DUR

Der Dompteur schnalzt mit der Peitsche – und *allegramente* steigt die Zirkusparty! Das Klavier lässt kleine Windräder wirbeln – schön kakofonisch: rechts G-Dur, links Fis-Dur (wie auf Strawinskys Petrouchka – Jahrmarkt). Die Piccoloflöte parodiert eine flotte Bourrée – und alle hüpfen lachend hinterdrein. Soll das ein Klavierkonzert sein?

Eigentlich wollte Ravel – der Clown unter den französischen Komponisten – diesen Spaß bei seiner zweiten Amerikatournee wohl selbst spielen – *ein Franzose in New York* als Gegenstück zu Gershwins *ein Amerikaner in Paris.* Er hatte den Solopart deshalb auch ziemlich spielbar gehalten (der Orchesterpart ist gepfeffert), aber leider stellten sich nach der Rückkehr von seiner ersten Reise Symptome einer lähmenden Krankheit ein, und das Lachen des Klavierkonzerts erstarrte.

Wo in klassischen Konzerten der Pianist zeigen muss, ob er Tonleitern und Dreiklänge beherrscht, spielt er hier Jazz-Schlagzeug: *bum baba bum ba bumbum ba...* Wo früher zärtliche Seitenthemen Blumen oder Briefe überreichten, werden hier Cocktails gemixt: etwas Sentiment, etwas Frivolität, bitte mit Soda! Sehr clownesk ist eine Episode, in der der Pianist simuliert (!) – und die Harfe für ihn spielt. Die kurze Kadenz zeigt, dass Ravel gleichzeitig auch an seinem *Klavierkonzert für die linke Hand* arbeitete.

Das *Adagio assai* könnte ein Nocturne von Chopin sein, wäre da nicht die Blues-artig schwankende Begleitung. Die Harmonik scheint zu schweben: Von drei Akkordtönen ist einer nachhängend, einer richtig und einer vorausgreifend – wunderbar! Dann übernimmt das Englischhorn die Melodie, und das Klavier meldet sich mit träumenden Figuren ab – eine unsinnliche, fast vegane Romanze.

Im *Presto* wird das Klavier ganz zum Schlagzeug: alternierende Hände, schnelle Fingerwechsel, dazu im Orchester nostalgische Jagdfanfaren, baskische Folklore und sogar der Ansatz zu einem Fugato – Bläser und Streicher haben nichts zu lachen, während das Klavier feixt. Am Ende viel G-Dur mit ein paar *blue notes* – aber: Muss denn jedes Klavierkonzert ernst sein? Das Leben ist doch ernst genug!

UA Paris 1932

Modest Mussorgski

BILDER EINER AUSSTELLUNG

orchestriert von Maurice Ravel

Es geht um die Begegnung zweier Komponisten, doch muss ein dritter Name zuerst genannt werden: Sergei Kussewitzki kam aus ärmlicher jüdisch-russischer Musikerfamilie. Um in Moskau studieren zu können, schrieb er sich für Kontrabass ein, da dessen Studium mangels Interesse gebührenfrei war – und wurde zu einem der besten Virtuosen! In Berlin gründete er 1909 den Russischen Musikverlag.

Als langjähriger Dirigent (1924-1951) des Boston Symphony Orchestra führte er neue russische, französische, amerikanische und deutsche Werke auf. Er half europäischen Emigranten durch Aufträge und Vermittlung. Ohne seine Beharrlichkeit hätte der todkranke Bartok sein *Konzert für Orchester* (1944) nicht mehr geschrieben – Kussewitzki war eine Lichtgestalt!

Um etwas für seinen Landsmann Mussorgski zu tun, dessen geniales, unvollendetes Schaffen gerade in Vergessenheit geriet, beauftragte er Ravel, den Klavierzyklus *Bilder einer Ausstellung* zu orchestrieren. So entstand durch die künstlerische Begegnung von Ravels perfekt organisiertem Kopf mit Mussorgskis genial-chaotischem Geist eines der beliebtesten und effektvollsten Orchesterwerke.

Mussorgski hatte seinen Zyklus 1874 nach dem Besuch einer Gedächtnisaustellung für seinen kurz zuvor gestorbenen Freund Viktor Hartmann geschrieben, einem Maler und Architekten. *Promenaden* führen in und durch die Ausstellung. Sie spiegeln die Reaktion des Betrachters auf die Bilder. Über der einleitenden *Promenade* steht: *Allegro giusto, nel modo russico, senza allegrezza, ma poco sostenuto* (angemessen bewegt, auf russische Art, ohne Eile, eher etwas bedächtig).

Gnomus – der Klang der Celesta verrät die entfernte Verwandtschaft des hässlichen Zwerges mit dem Sandmännchen; *das alte Schloss* – das Alt-Saxofon schwärmt davon, dass es hier früher hoch herging; *die Tuilerien* – nicht alle im Pariser Park spielenden Kinder werden Engel bleiben. *Bydlo* – der hochrädrige polnische Bauernwagen. Das bedrückende und unterdrückte Leben der Landleute wird geschultert von der Basstuba, die diese für sie eigentlich zu hoch liegende Melodie nur mit äußerster Anstrengung leisten kann; *Ballett der Küken in den Eierschalen* – ein entzückend piepsendes Scherzino. *Samuel Goldenberg und Schmuyle* – ein reicher und ein armer Lemberger Jude im Gespräch. Der erregt gestikulierende *Schmuyle* ist Probespielaufgabe für jeden Solotrompeter. Die folgende *Promenade* hat Ravel gestrichen – warum? Eine Version für die Harfen wäre passend; *Der Marktplatz von Limoges* – die keifenden Weiber waren früher einmal spielende Kinder. *Catacombae* – unterirdische römische Grabgewölbe.

Hier vermisse ich in Ravels sauberem Blechbläsersatz die düsteren, hallenden Möglichkeiten des Pedalspiels russischer Klavierschule; *Con mortuis in lingua mortua* – der Betrachter kommuniziert mystisch mit dem Geist des Bildes; *Die Hütte der Baba-Yaga* – ein Hexentanz! Im Mittelteil werden Zaubersprüche gemurmelt; *Das Bohatyr-Tor in Kiew* – hier hatte Hartmann eine Neugestaltung des Stadttores entworfen: altrussisch, orientalisch, fast schon jugendstilig – besonders schön mixt Ravel das Glockengeläut – trotzdem: die Originalversion, in der keine Glocken erklingen, sondern nur am Klavier assoziiert werden, ist schauerlicher.

Kurz vor Schluss musste Ravel einen Takt dazukomponieren: Bei Mussorgski fegt der Pianist einmal von oben nach unten über die Tasten, tritt das Pedal durch, reißt die Arme hoch, fährt sich durch die Haare, wischt sich den Mund ab – dann donnert die Apotheose! Diese gestische Fermate musste Ravel akustisch füllen.

Original oder Bearbeitung? Wenn dies der einzige Konflikt um das Stadttor von Kiew wäre ...

UA Paris 1929

Max Reger

VARIATIONEN UND FUGE ÜBER EIN THEMA VON MOZART

Der Meininger Hofkapelle zur Erinnerung. Das erste Reiseorchester im 19. Jahrhundert verdankt sich der deutschen Kleinstaaterei: Mit fünfzig Soldaten konnte ein Herzog von Meiningen keinen Krieg gewinnen, aber mit fünfzig Musikern, gedrillt von keinem Geringeren als Hans von Bülow, ließen sich musikalische Triumphe erringen. Man hatte viel Zeit für gründliches Studium und lud Komponisten ein, neue Werke zu erproben, so auch Max Reger. Der Musizierstil der Meininger und der Komponierstil Regers passten gut zusammen: peinlich genau bezeichnete Noten, um die Strukturen des Werkes zu verdeutlichen. Weniger gut passten die Temperamente des disziplinierten Orchesters und des unbändigen Komponisten zusammen. Willy von Beckerath zeichnete Reger bei der Arbeit als Dirigent – leidenschaftlich und humorvoll.

Einig war man sich in der Liebe zu Mozart. Alle Kinder von eins bis hundert lieben das *6/8-A-Dur-Thema* der Klaviersonate *KV 331*. Mozart selbst variierte es klassisch-bilderbuchmäßig; Reger stellte es in den Kosmos seiner romantisch-schweifenden Variationstechnik.

Die Streicherstimmen sind fast immer geteilt: Der rechte Spieler am Pult spielt die obere Stimme *ohne Dämpfer*, der linke die untere *mit Dämpfer*. Diese Selbstständigkeit motiviert beide Spieler und gewährleistet zugleich feine Echowirkungen.

In jeder Variation ändern sich Tonart und Charakter der Musik – ein Wechselbad der Stimmungen! Thema A-Dur *Andante grazioso*. Reger variiert bereits die Wiederholungen sehr feinsinnig.

I. A-Dur Siciliana – das Thema wird geschmückt wie ein Weihnachtsbaum,

II. F-Dur Capriccio – das Thema wird auf den Kopf gestellt und harmonisch weichgespült.

In den nächsten vier Variationen verwandelt sich das Thema bis zum Verschwinden:

III. a-Moll (minore) Intermezzo – Rhythmus und Takt werden geglättet zu einem 2/4-Choral,

IV. e-Moll Toccata *vivace* – der Choral verwandelt sich in einen burschikosen Marsch,

V. a-Moll Scherzo *Presto* – Geisterstunde mit Mummenschanz: Wo ist das Thema geblieben?

VI. D-Dur (maggiore) Notturno *sostenuto* – Gegenbild zu III. mit glitzernden Figuren.

Auffallend: Die Metamorphosen des Themas erhitzen die Musik so stark, dass am Ende der Phrasen immer ein *ritardando* nötig ist, um abzudampfen.

VII. F-Dur quasi Thema *Andante grazioso* – Gegenbild zu II. Das Thema erscheint wieder – es war fast abhandengekommen,

VIII. E-Dur Meditation *molto sostenuto* – mystisch-religiöse Beschwörung der Manen Mozarts, sehr differenziert und sensibel im Orchestersatz.

Natürlich hat Reger das Thema der Fuge so gebaut, dass es am Schluss zu Mozarts Thema passt. Es ist geistreich, witzig – und dauert dreißig Sekunden! Entsprechend lange dauert die Fuge – wer Fugen schreiben kann, genießt es! Dafür ist der Moment der Kombination beider Themen einfach schön, wenn man ihn einfach und schön gestaltet. Wie sagte der Dirigent Hans Schmidt-Isserstedt? Es dürfe nicht klingen wie *Mozart auf der Reise nach Säckingen.*

UA Meiningen 1914

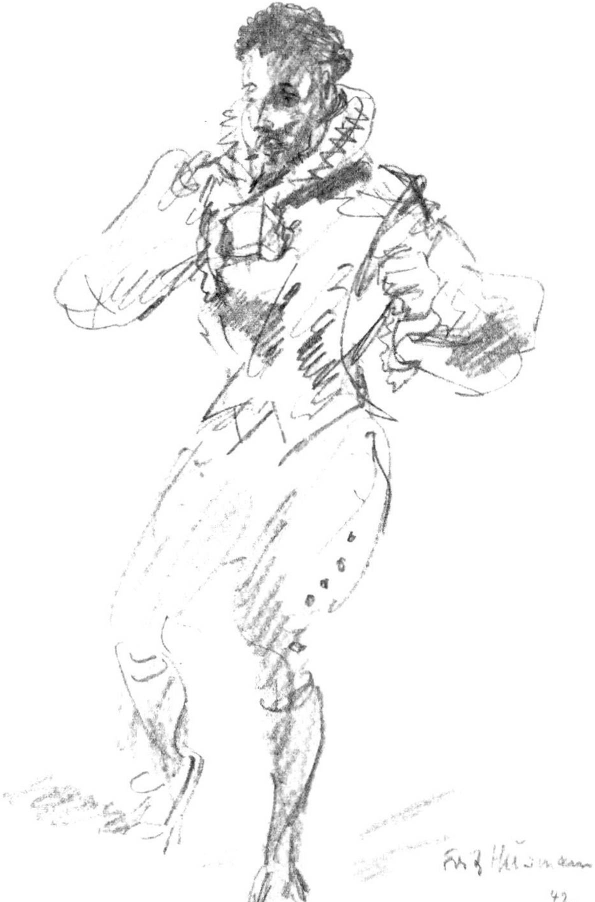

Dmitri Schostakowitsch

SIEBTE SINFONIE

Leningrader

Zuerst ein großräumig angelegter Sonatenhauptsatz in C-Dur!

Exposition: Erstes Thema *kraftvoll*, zweites Thema *sanft*;

als Durchführung eine *passacaglia-militare*: Über einem pianissimo beginnenden Trommel-Ostinato nähern sich 12 Marschvariationen – dann schlägt es dreizehn: Ein durchdringendes Blechbläser-Fernorchester greift an.

Reprise: Die Themen erscheinen entstellt. Erstes Thema *gequält*, zweites Thema *deprimiert* (Fagott);

Coda: Die Themen erscheinen verklärt – wie in einem Nachruf; als Schluss eine kurze Pianissimo-Reminiszenz der Passacaglia (kleine Trommel und Trompete).

So weit, so klassisch! Nur entstand die Sinfonie nicht irgendwann und irgendwo, sondern sie tobte in Schostakowitschs Kopf, als er 1941 während der Belagerung durch die deutsche Wehrmacht in Feuerwehruniform mit Helm auf dem Dach des Leningrader Konservatoriums Brandwache hielt. Dieses Bild ging um die Welt, und nach der von Artilleriefeuer begleiteten Uraufführung ging auch die Sinfonie um die Welt: Auf einem Kriegsschiff wurden die Noten in die USA eskortiert, und die *westliche* Erstaufführung mit dem NBC Orchestra unter Toscanini wurde im Radio ausgestrahlt – die Zusammenarbeit von CIA und KGB hatte perfekt funktioniert, da es einen gemeinsamen Feind gab: Hitlerdeutschland.

Für seine (erste) *Kriegssinfonie* bekam Schostakowitsch den Stalin-Preis erster Klasse. Aber nach dem Krieg bekam er dafür ein erstklassiges Scherbengericht: Wenn das Passacaglia-Thema die Invasion der Deutschen darstellt (was eine reine Mutmaßung ist), warum hat es dann am Schluss des ersten Satzes das letzte Wort? Und die Gesinnungsschnüffler forschten weiter: Wenn das angreifende Fernorchester die heldenhafte Sowjetarmee darstellt (auch eine Mutmaßung), warum triumphiert die Musik nicht?

Ich glaube, dass der gequälte, deprimierte Dmitri Schostakowitsch auf dem Dach des Leningrader Konservatoriums mit zusammengebissenen Zähnen und zusammengekniffenen Augen auf seiner Brandwache nur eines dachte: Hitler darf nicht siegen! Aber sobald Stalin siegt, wird es noch fürchterlicher für uns, als es vor dem Krieg schon war.

Nach zwei friedvollen, hoffenden, trauernden und tröstenden Mittelsätzen mündet die gewaltige *Leningrader* in ein Totentanz-Finale, das zunächst realistisch das brutale Geschehen schildert, und sich dann in einer ernsten Sarabande der ausstehenden seelischen Verarbeitung der Folgen und der Klage über die Opfer des Zweiten Weltkrieges widmet.

Am Schluss herrscht helle Verzweiflung: Das Zitat des Anfangs schwimmt in Tränen; erst der Schlußakkord dieses sinfonischen Riesen-Requiems (80 Minuten) zwingt sich zu C-Dur.

UA Kuibischew / Moskau / Leningrad 1942

Dmitri Schostakowitsch

ACHTE SINFONIE

Der Welterfolg seiner *Siebten Leningrader* Sinfonie C-Dur (1941) schützte Schostakowitsch zumindest zeitweilig vor weiterer Drangsalierung durch Stalin und ermutigte ihn, eine zweite, ganz anders geartete *Kriegssinfonie* zu schreiben.

Die *Achte Sinfonie* c-Moll (1943) ist das konsequente Gegenbild zu ihrer Vorgängerin: In der Siebten rief Schostakowitsch seine Landsleute auf, zusammenzustehen. In der Achten trauert er mit ihnen. In der Siebten waren die äußeren Sätze *schrecklich*, die inneren *tröstlich*. In der Achten sind die äußeren Sätze *klagend*, die inneren *brutal*.

Es liegt eine bittere Ironie darin, dass Schostakowitsch den ersten Satz der Achten – eine überwältigende *Adagio*-Trauermusik von dreißig Minuten Dauer – formal identisch zum Kopfsatz der Siebten gestaltet (die gewaltige Durchführung hier mit zweimaliger Temposteigerung entspricht genau der *passacaglia-militare* dort), mit einem wesentlichen Unterschied: Bei dieser Musik kann niemand etwas hinein- oder herauslesen, sie entzieht sich allen propagandistischen Deutungsversuchen, man kann sie allenfalls – verbieten (was später auch geschah).

Auch ich unterlasse alle Deutungsversuche der beiden aufgebrachten, wütenden Mittelsätze; aus dem zeitgeschichtlichen Zusammenhang wird ohnedies evident, was und wer hier gemeint ist.

Der dritte Satz mündet in eine *passacaglia-funebre* (vierter Satz): Zwölfmal erklingt *Largo* das monorhythmische Bassthema, darüber schleppt sich ein endloser Trauerzug hin.

In der *Siebten* begann als 13. Variation die Schlacht, in der Achten kehrt mit einem *pianissimo* C-Dur-Akkord (Klarinetten) unverhofft Friede ein (fünfter Satz). Das liedhaft schlichte Fagott-Solo erinnert an die im Dreißgjährigen Krieg geschriebenen Verse des Andreas Gryphius: *Indem der süße Fried ins Vaterland einkehrt, und man ein Danklied hört statt rasender Trompeten.*

Als Dirigent muss man dem Orchester vermitteln, dass diese einfache, schwebende Kammermusik von einem seelisch und körperlich ausgemergelten russischen Publikum als zu schön, um wahr zu sein, empfunden werden sollte.

In der Mitte des fünften Satzes wird das Klagethema des ersten Satzes wieder aufgerufen – ein symbolischer Regenbogen wölbt sich zurück zum Anfang. Dann klingt die Sinfonie *morendo* ersterbend aus.

Die nach der Uraufführung eintretende Pause ergriffenen Schweigens dürfte der wahrste Triumph in Schostakowitschs Leben gewesen sein.

UA Moskau 1943

Dmitri Schostakowitsch

NEUNTE SINFONIE

Aus heutiger, zumal westlicher Sicht scheint schwer nachvollziehbar, dass Schostakowitsch unter politischem (seitens der Partei) und gesellschaftlichem (seitens des Komponistenverbandes) Druck gestanden haben soll, nach Ende des Zweiten Weltkrieges seine *Neunte* als Triumphsinfonie für Stalin und Siegessinfonie der Roten Armee zu gestalten.

Allerdings wird erst heute klar, dass auch im freien Westen – nur in verdeckter Weise – politischer Druck auf die Kunstszene ausgeübt wurde: Die abstrakte Malerei und die atonale Musik sollten der gegenständlichen, tonalen Ideologie (sozialistischer Realismus) des Ostens entgegengestellt werden. Doping ist eben überall, und jede Unschuldsvermutung ist naiv.

Während des Krieges hatte sich Schostakowitsch mit zwei *Kriegssinfonien* engagiert: die Siebte *Leningrader* einte Ost und West musikalisch im Kampf gegen Hitler, die Stimme der Achten – klagend, nach Frieden rufend – wurde nicht verstanden.

In der Erwartungshaltung gegenüber der zu schreibenden *Neunten* übersah man, dass das Kriegsende für die Menschen in der Sowjetunion – und einzig deren Befindlichkeit galt für Schostakowitsch – nicht Befreiung bedeutete, sondern es ging ans Aufräumen – in Trauer um Tote, in Armut und Unterdrückung.

Hätte Schostakowitsch damals eine Triumphsinfonie erlogen, würde man heute seine Musik nicht mehr spielen. Mit dieser, jede Verherrlichung verweigernden, bitteren, ironischen, lakonischen Sinfonietta (sie dauert ganze 22 Minuten) machte er sich ehrlich und drückte moralisch seinen Rücken durch.

Erster Satz: Der heitere Anfang könnte von Haydn sein, aber schon der hässlich akzentuierte Triller zieht eine Grimasse. Das pfiffige (Piccolo-)Seitenthema (später in der Solovioline) nennt das politische Gehabe beim Namen: *Zirkus!* soll Schostakowitsch während der Proben gezischt haben.

Zweiter und dritter Satz sind Intermezzi: Das erste Intermezzo schwingt als elegischer Walzer – mit schimmerndem Klarinettensolo, das zweite rast als brillantes Scherzo – wie ein zu schnell abspulender Film – mit groteskem Trompetensolo. Dieser Satz leitet über zu einem von drohenden Posaunen eröffneten Fagott-Rezitativ – also doch wie in der Neunten bei Beethoven? Was das Fagott uns wortlos zu sagen hat, und es hat viel und Ergreifendes zu sagen, könnte in der Tat mit *O Freunde, nicht diese Töne* beginnen. Unmerklich geht die Klage des Fagotts in Satire über – wie ein geschlagener Hund sich schüttelt und abtrottet. Dieses Finale wird immer schneller, als wollte man (wie im dritten Satz) einen Film vorspulen, um zu sehen, wie er endet – und wie endet die Sinfonie? Lachend – ob befreit oder zynisch, wer weiß das ...

UA Leningrad 1945

Dmitri Schostakowitsch

VIERZEHNTE SINFONIE FÜR SOPRAN, BASS UND KAMMERORCHESTER

Der Rauch des Zweiten Weltkrieges hatte sich verzogen, der Kalte Krieg vereiste die Fronten. Seit Stalins Tod ließ die Partei Schostakowitsch – mehr oder weniger – in Ruhe, dafür meldete sich sein erschöpfter Körper: Lähmungen der Schreibhand, zwei komplizierte Beinbrüche, ein erster Herzinfarkt – die *Vierzehnte* entstand weitgehend während eines einmonatigen Krankenhausaufenthalts. Als Zyklus von elf Gesangsstücken ist sie Schostakowitschs Abkehr von der traditionellen Sinfonieform, und sie ist zugleich sein eigenes Requiem: bitter, lakonisch, ohne Selbstmitleid, dabei – hinter dicken, schützenden Brillengläsern – zutiefst humanistisch.

Versuch einer Deutung:

- *Sopran und Bass.* Eva und Adam kehren als die letzten Menschen zurück ins verwüstete Paradies, in babylonischer Sprachverwirrung Sterbeworte aus aller Welt lallend.
- *Kammerorchester (neunzehn Streicher und Schlagzeug).* Melancholische Themen wie vertrocknete Rinnsale (Blut? Tränen?) über wenigen, dürren Harmonien (Wege? Ideen?) in *De profundis (aus der Tiefe),* Ungestillte Leidenschaften in *Loreley*, lyrische Meditationen wie das wiegenliedartige Cellosolo in *Der Selbstmörder*, zwei Chansons: das kindlich spielende *Auf der Wacht* mit trompetendem Xylofon, und das zynisch lachende *Sehen Sie, Madame!*, geistige Exerzitien wie die makabre, fast tonlose Fuge *Im Kerker der Santé*, der befreiende Wutausbruch als *Antwort der Zaporoger Kosaken an den Sultan von Konstantinopel*, die tröstende Stimme *An Delwig*.

- *Schlagzeug (Kastagnetten, Trommeln, Peitsche, Glocken, Xylofon, Vibrafon).* Auf dem verkohlten Baum der Erkenntnis sitzt der Tod und klimpert seine Sinfonie.

So locker und souverän wie die scheinbar zufällige Zusammenstellung der elf Gedichte in vier Sprachen von *Federico Garcia Lorca, Guillaume Apollinaire, Wilhelm Küchelbeker*, Rainer Maria Rilke* (die in *ihrer* Sprache gesungen werden sollten) ist die Kompositionstechnik. Es gibt nur wenige, dafür unüberhörbare formale Klammern: Das melancholische Thema des ersten Stückes *De profundis* kehrt überhöht im zehnten Stück *Der Tod des Dichters* wieder; das wilde, knöcherne Rasseln der Todeshand im zweiten Stück *Malagueña* – wie auf einer kubistisch deformierten Gitarre – beendet im elften *Schlußstück,* einem Duett, das nur vierzig Sekunden dauert und in einem lang gezogenen Schrei gipfelt, abrupt die Sinfonie.

Diese Musik macht betroffen *lachenden Munds,* denn sie ist *mitten in uns.*

UA Moskau 1969

* Wilhelm Karlowitsch Küchelbecker (1797-1846) war ein russischer Dichter deutscher Abstammung. Er wurde wegen Beteiligung am Aufstand der Dekabristen (1825), dic vom Zarcn cinc Verfassung forderten, verbannt.

Robert Schumann

SZENEN AUS GOETHES FAUST

Alles Vergängliche ist nur ein Gleichnis – auch Schumann faszinierte der *Chorus mysticus,* mit dem der zweite Teil des *Faust* schließt. Da Goethes einhundertster Geburtstag näher kam, komponierte er von 1844 bis 1847 die *Anachoreten-Szene (Fausts Verklärung)* als einstündige Kantate für Orchester, Chor (auch als Doppelchor), Knabenchor und – je nach Zuteilung – bis zu zwanzig Solisten. Er schrieb Goethes Szenenanweisungen in die Partitur – träumte er von einer *Faust*-Oper? Bei der Voraufführung in Dresden erkannte er – *das Unzulängliche, hier wird's Ereignis* –, dass er den *Chorus mysticus* gegen den Sinn der Worte zu sehr jagdmäßig-männlich komponiert hatte; er fasste den Schluss neu – *das Unbeschreibliche, hier ist's getan* –, und bei den Goethe-Feiern 1849 in Leipzig und Weimar erklang die zweite, zart wiegende Version *das ewig Weibliche zieht uns hinan.*

Das *Faust*-Projekt ließ Schumann keine Ruhe. Noch im selben Jahr schrieb er drei *Gretchen*-Szenen aus dem ersten Teil: *Szene im Garten / Gretchen vor dem Bild der Mater dolorosa / Szene im Dom.* Dann, unterbrochen durch den Umzug nach Düsseldorf, ergänzte er drei Szenen aus dem zweiten Teil: *Fausts Erwachen / Fausts Erblinden / Fausts Tod.* Zuletzt setzte er 1853 die Ouvertüre davor, und schenkte *Szenen aus Goethes Faust* seiner Frau Clara zum Geburtstag. Deren Uraufführung erlebte er nicht mehr. Später wurde das Werk sehr geschätzt: Der berühmte Arzt und Brahms-Freund Theodor Billroth wünschte sich das Baritonsolo *Dir, der Unberührbaren* aus der *Anachoreten-Szene* zu seinem Begräbnis.

Faust begleitete Goethe durch sein Leben – man spürt, wie er darin altert. Goethes *Faust* begleitete Schumann durch neun entscheidende künstlerische Schaffensjahre; da er seine *Faustszenen* von rückwärts schrieb – den Schluss zuerst, die Ouvertüre zuletzt – wird Goethes alternde Dichtung in Schumanns Musik immer jünger – eine spannende, verwirrende Gegenbewegung!

Heute wird das Werk kaum gespielt, weil Veranstalter die vielen Solisten nicht bezahlen können. Für mich ergab sich 1992 in Magdeburg die Möglichkeit einer Aufführung mit dem ganzen Opernensemble. Wir setzten die erste Version des *Chorus mysticus* an den Anfang – noch vor die Ouvertüre, sodass die Faustszenen vom *Chorus mysticus* umfasst wurden.

Bewegend: die düstere *faustische* Ouvertüre, das anmutige, opernhafte Duett zwischen Gretchen und Faust, die schmerzzerrissene Klage Gretchens, die hallende Szene im Dom – mit erschreckend verzögerten Orchester-Synkopen, Ariels Morgenlied – mit sanften *hemiolisch* schwebenden Harfenklängen, Fausts Erwachen – mit blendenden Trompeten beim Sonnenaufgang, das mitternächtlich schaurige Scherzo der vier grauen Weiber *Mangel, Schuld, Sorge, Noth,* Fausts Tod mit seiner irrealen letzten Vision: *Verweile doch, du bist so schön* – hier kommt der Romantiker Schumann dem Klassiker Goethe sehr nahe. Die *Anachoreten-Szene* hat hinreißenden, fast Mendelssohn'schen Schwung – was für Schumann als höchstes Lob galt. Ariosi, Ensembles und Chöre – von den Knabenchören bis zum Doppelchor im *Chorus mysticus* sind hervorragend gearbeitet.

Schumanns *Szenen aus Goethes Faust* sind ein Gleichnis: unzulänglich, unbeschreiblich – möge das ewig Weibliche dieser liebeglühenden Musik uns hinanziehen!

UA Köln 1862

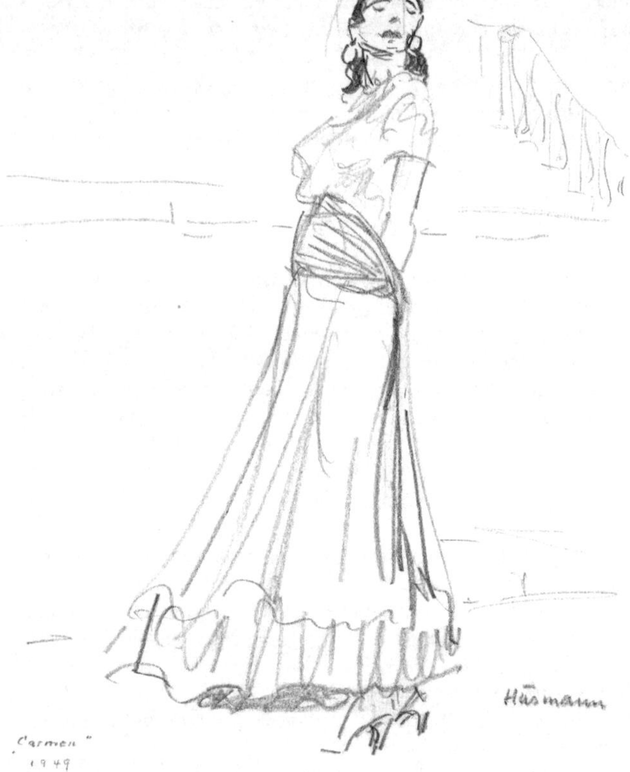

Hüsmann
„Carmen"
1949

Bedrich Smetana

DIE VERKAUFTE BRAUT

Wenn der Opernbesucher den Zuschauerraum betritt, dringt ihm aus dem Orchestergraben wildes Gefiedel entgegen. Sämtliche Streicher üben die ersten 99 Takte der Ouvertüre, eine berühmt-schwere Probespielstelle: *Vivacissimo, pianissimo,* ohne jede Betonung und ohne zu stolpern muss die Passage laufen – 800 rasende *non-legato*-Noten, mit denen die Musiker/innen seit ihrem Studium kämpfen.

Dann wird der Zuschauerraum dunkel, und die Ouvertüre beginnt mit einem lauten Hallo! Vier Schläge markieren das Fugatothema – plötzlich herrscht Stille, nur ein sausendes Säuseln ist zu vernehmen: erst einstimmig, dann zwei-, drei-, vierstimmig, eine knisternde Atmosphäre baut sich auf und entlädt sich in einem jubelnden Thema, das sich mit überschwänglichen Akzenten kaum zu lassen weiß.

Für diesen herrlichen Moment, der auf den ganzen Opernabend ausstrahlt, muss das Fugato immer wieder geübt werden – ein großer Aufwand für einen noch größeren Effekt!

Die verkaufte Braut ist die Oper der Lebensfreude – sie platzt schier aus den Nähten vor Vitalität (und wenn der Dirigent nicht aufpasst, *erschlägt* das Orchester vor Begeisterung die Sänger). Temperamentvolle Chöre, zündende Tänze, bodenständige, drastische Charaktere und eine Geschichte voller Bauernschläue sorgen für Hochstimmung.

Höhepunkte: das treuherzige Verlobungsduett von Hans und Marie – und man weiß wieder, dass die Klarinetten mit ihrem *dolce-amoroso*-Klang aus Böhmen stammen; der Auftritt des neunmalklugen Heiratsvermittlers Kezal; die große Polka – eine deftige Szene wie bei Brueghel; der Furiant – mit seinen internen Taktwechseln *der* slawische Tanz schlechthin; der Auftritt des stotternden Wenzel – eine liebenswürdige, nicht eine lächerliche Figur; das Duett Hans/Kezal, in dem der (scheinbare) Verkauf der Braut verhandelt wird – beide hauen einander übers Ohr; das Sextett *„Überleg's dir, Marie, bedenk es dir"* – in diesem boshaften Zusammenhang fast zu schön; die leidenschaftliche Arie der Marie, als sie sich verkauft glaubt – ich vergesse nicht, wie Clara Ebers, vormals lyrische Sopranistin an der Hamburgischen Staatsoper, als Professorin an der Musikhochschule mich spontan aufforderte, sie vor ihren Studentinnen bei dieser Arie zu begleiten: Sie begann als sechzigjährige Meisterin und schloss als zwanzigjährige Marie: *„O Jugendzeit, du warst so schön!"*

Die tschechische Nationaloper ist ein schwungvoller Schwank mit viel Schmerz fürs Herz!

UA Prag 1866

Johann Strauss

DIE FLEDERMAUS

Johann Strauss (Sohn) war schon durch nahezu fünfhundert Walzer, Polkas, Mazurken, Galopps und Quadrillen bekannt, als Jacques Offenbach ihn ermunterte, Operetten zu schreiben.

Fledermaus!!! skandiert das Orchester, *Fledermaus!!!* Die brillante Ouvertüre, genial collagiert aus den Themen der Operette, muss jeder Bewerber um einen Chefdirigentenposten mit dem Orchester musizieren. Die Musiker wollen wissen: Führt er uns, wo wir geführt werden müssen? Lässt er uns, wo wir gelassen werden wollen?

Die Wiener Operette mit dem Wiener Walzer als Herzschlag spiegelt das Selbstbewusstsein der Donaustädter: *mir san* der Mittelpunkt der musikalischen Welt – und dabei *grundverderbt*. Die berühmt-berüchtigten Nachschläge des Wiener Walzers – der erste zu früh, der zweite zu spät – scheinen immerfort achselzuckend zu sagen: *Na und?*

Dr. Falke, im Fledermauskostüm auf einem (Wiener) Maskenfest, hat dem jungen Gastgeber Prinz Orlofsky, der vor Blasiertheit nicht lachen kann, versprochen, ihn mit dem Sketch *Die Rache einer Fledermaus* zum Lachen zu bringen. Bei einem früheren Maskenfest hatte Gabriel Eisenstein seinen Freund Dr. Falke anschließend im Fledermauskostüm betrunken irgendwo abgesetzt und zum Gespött der Leute gemacht. Und so läuft Dr. Falkes Rache ab: Er hat Eisenstein zum Maskenfest bei Orlofsky mitgebracht. Eigentlich muss Eisenstein für ein paar Tage ins Gefängnis (wegen Beleidigung). Alfred, Heldentenor und früherer Verehrer von Eisensteins Gattin Rosalinde, möchte die Gelegenheit nutzen und die Beziehung auffrischen. Gerade hat Dr. Falke Eisenstein zu Orloskys Fest abgeholt, da erscheint der Gefängnisdirektor Frank, ihn in den Arrest zu führen. Um Rosalinde nicht zu kompromittieren, muss Alfred – schon im Hausmantel Eisensteins – sich als ihr Gatte bekennen und für ihn *brummen.* Heimlich lässt Dr. Falke Rosalinde und Adele, Zofe des Hauses, nachkommen. Eisenstein (als Marquis Renard) flirtet sofort mit beiden: Die eine kommt ihm bekannt vor, die andere, eine geheimnisumwitterte ungarische Gräfin, entwindet ihm seine teure Taschenuhr. Als der Schwindel auffliegt und Eisenstein blamiert ist, lacht Orlofsky schallend.

Die Fledermaus hat nur *Highlights* – und doch sticht die Dialogszene des Gefängnisaufsehers Frosch, der am nächsten Morgen einen immerfort *Glücklich ist, wer vergisst* schmetternden Zellengast vorfindet, alle aus. Einige davon: Rosalindes vorgetäuschter Abschiedsschmerz *So muß allein ich bleiben* mit dem liederlichen Refrain *O je, o je, wie rührt mich dies;* das Duett zwischen den inkognito turtelnden Gatten, bei dem Rosalinde die Taschenuhr ihres Gatten stibitzt (als späteres *corpus delicti* seiner Untreue); ihr rasanter *Csárdás* – mit der typischen Abfolge *langsam (Rhapsodie) – schnell (Frischka);* das von Orlofsky angeführte Champagner-Ensemble *Im Feuerstrom der Reben* mit dem ironisch-sentimentalen *Dui-du*-Walzer, von Dr. Falke hinterlistig angestimmt: *Brüderlein, Brüderlein und Schwesterlein ...*

Adeles Bewerbungslied um ein Stipendium *Spiel ich die Unschuld* überzeugt Orlofsky, der sich *solch ein Talent* nicht entgehen lassen will. Die Eheleute Eisenstein versöhnen sich (der Anwalt Dr. Blind hat sowieso nichts kapiert). Nur Alfred ist nicht auf seine Kosten gekommen – aber was hat ein Heldentenor auch in einer Operette zu suchen?

UA Wien 1874

Richard Strauss

ELEKTRA

Aus dem Orchestergraben gellt, wie ein lang gezogener Schrei, der Name *Agamem-* die letzte Silbe *-non* wie verschluckt (nur *pizzicato*). Im Morgengrauen flüstern Mägde am Brunnen: *Wo bleibt Elektra? Ist doch ihre Stunde, die Stunde, wo sie um den Vater heult, dass alle Wände schallen.* Sie kommt, springt zuckend in einen Winkel – und beherrscht die Szene bis zum Schluss der Oper. *Elektra* ist ein *Durchsteher*: Für die Bühnentechnik ein Stück ohne Verwandlungen, für das Theaterrestaurant – da ohne Pause – ein Abend ohne Einnahmen. Den eigentlichen Durchsteher aber muss die Titelfigur leisten: Eindreiviertel Stunden hochdramatischer Gesang, befeuert von einem hochdramatischen Riesenorchester: Gefordert sind 60 Streicher, 40 Bläser und Schlagzeug.

Anfangs hatte Richard Strauss Skrupel: Nach *Salome* wieder ein Einakter um eine Frauenfigur? Aber der Dichter Hugo von Hofmannsthal beruhigte ihn: Beide wären grundverschieden. Salome liebt – unerwidert, Elektra hasst – erfüllt. Bei *Elektra* begann eine fruchtbare Zusammenarbeit: sechs Opern und ein aufschlussreicher (und schon für die Nachwelt gedachter) Briefwechsel.

Strauss kürzte das Drama von Hofmannsthal geschickt und entlockte dem Dichter manch schöne Zusätze: *Immer sitzen wir auf der Stange wie angehängte Vögel / wenden links und rechts den Kopf und niemand kommt / kein Bruder – kein Bote von dem Bruder, nicht der Bote von einem Boten / nichts* (Chrysothemis). Elektras Schwester Chrysothemis wirkt wie eine Jugendstilfigur, es gibt sie aber schon im antiken Drama bei Sophokles. Strauss schenkt ihr eine hinreißend schwungvolle Musik *ich hab's wie*

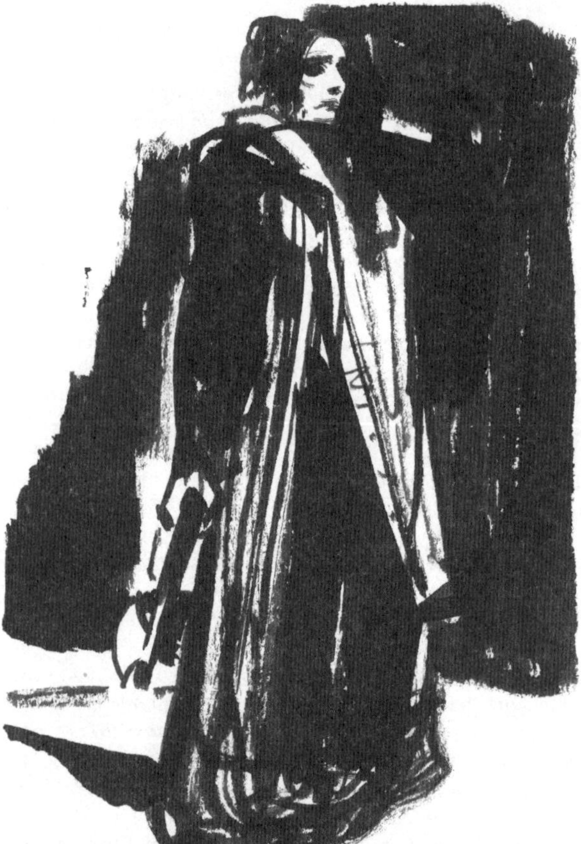

Feuer in der Brust. Elektra sucht den Tod in der schuldbeladenen Vergangenheit; Chrysothemis sucht das Leben in der hoffnungsvollen Zukunft.

Charakteristische Motive: der bitonal-dissonante Blut-Cluster – auf ihm glitscht die Harmonik, wenn Elektras Vatermord-Trauma aufbricht; dann die hämmernden Rache-Oktaven und das innige Thema der Kindesliebe – mit bittend ausgestreckten Händen – ein begnadeter Einfall!

Packende Auftritte: Klytämnestra peitscht ihre Dienerinnen vor sich her. Bleich, hohlwangig, mit Amuletten behängt sucht sie die Nähe ihrer Tochter – vielleicht weiß Elektra ja ein Mittel gegen Träume? Sie weiß eins: Wenn ihr Bruder Orest zurückkommt und die Ermordung des Vaters an der Mutter und ihrem Buhlen Ägisth rächt – *dann träumst du nimmermehr.* Zwei Boten melden den angeblichen Tod des Orest. Der jüngere erkennt Elektra an ihrem Schmerz über den verlorenen Bruder. Als Elektra ihrerseits Orest erkennt, braust es im Orchestergraben!

Grausiger Höhepunkt: Elektra gräbt das Beil aus, mit dem Agamemnon erschlagen wurde, aber Orest ist schon im Palast – *ich habe ihm das Beil nicht geben können!* Als sie ihre Mutter schreien hört, triumphiert sie: *Triff noch einmal!* In diesem Moment dürfte mancher im Zuschauerraum mit seinen Gedanken woanders sein. Wie ein groteskes Intermezzo wirkt der kurze Auftritt des Brudermörders Ägisth. Elektra, wissend, was ihn im Palast erwartet, leuchtet ihm freundlich heim ... dann tanzt sie, bis sie zusammenstürzt.

Der harte antike Stoff verlangte Höchstleistung von Dichter und Komponist – *Elektra* ist ein grandioser Kraftakt. Aber – uff! – als Nächstes bitte eine leichte Komödie mit viel Wiener Walzer!

UA Dresden 1909

Richard Strauss

ARIADNE AUF NAXOS

Ein reicher Mäzen hat für eine Hausaufführung zwei Werke bestellt: die Uraufführung der Opera seria *Ariadne auf Naxos* eines jungen *Componisten* (eine Hosenrolle für einen dramatischen Mezzosopran wie *Octavian* im *Rosenkavalier*) und als heiteres Nachspiel die bekannte Opera buffa *Die ungetreue Zerbinetta und ihre vier Liebhaber.* Beim Festmahl mit seinen Gästen fällt ihm ein, man solle die beiden Stücke nicht nacheinander, sondern gleichzeitig spielen. Der Componist will empört sein Werk zurückziehen, aber Zerbinetta schaut ihm tief in die Augen, und er stimmt zu.

Das einstündige Vorspiel zeigt locker-rezitativisch die Theaterwelt vor dem Auftritt: Die Künstler der Seria mokieren sich über das Personal der Buffa; die edle Ariadne ist eine eitle Primadonna und Gott Bacchus eine Täternatur; beide können sich nicht ausstehen, werden aber gleich ein ineinander versunkenes Liebespaar darstellen. Der junge *Componist,* benommen von der Begegnung mit Zerbinetta, schwärmt: *Musik ist eine heilige Kunst.* Als er kurz darauf ihre vier Liebhaber in Kostüm und Maske erblickt, sträuben sich ihm die Haare: *In mein Heiligtum ihre Bocksprünge?*

Ariadne lebt zurückgezogen auf Naxos, einer einsamen Insel. Das Theseus-Trauma (sie rettete ihm das Leben, er verließ sie) hat sie gebrochen, sie sehnt den Tod herbei: *Bald aber naht ein Bote.* Ihre Klagearie ist dichterisch und musikalisch von erhabener Schönheit, das Anteil nehmende Ensemble der drei Nymphen hochartistisch. Die vier Liebhaber der Zerbinetta versuchen, Ariadne mit einer derben Polka aufzuheitern – vergeblich. Da wendet sich Zerbinetta selbst an sie: *Großmächtige Prinzessin ... sind wir nicht Frauen unter uns?* In einer mit halsbrecherischen Koloraturen gespickten Bravourarie erklärt sie, dass eine Frau den Männern untreu werden muss, wenn sie sich selbst treu bleiben will. *Hübsch gepredigt, aber tauben Ohren!* stellen die vier Liebhaber fest und rangeln um Zerbinetta. Da melden die Nymphen die Ankunft eines Fremden auf der Insel. Und nun ist der Dichter Hugo von Hofmannsthal ganz in seinem Element: Bacchus, eben knapp der Zauberin Circe entkommen, hält Ariadne für die Zauberin dieser Insel, Ariadne hält Bacchus für den ersehnten Todesboten. Mit den Worten des *Componisten* aus dem Vorspiel: *Sie gibt sich dem Tod hin, stürzt sich hinein ins Geheimnis der Verwandlung, wird neu geboren, entsteht wieder in seinen Armen. Daran wird er zum Gott! Worüber könnte eines zum Gott werden als über diesem Erlebnis?* Ein schützender Baldachin hüllt das Paar ein, Zerbinetta zitiert diskret und mokant den Schluss ihrer Arie: *Kommt der neue Gott gegangen, hingegeben sind wir stumm.*

Die Ariadne-Musik ist gefärbt durch den mysteriösen Klang des Harmoniums, die Zerbinetta-Musik durch den brillanten Klang des virtuos gehandhabten Klaviers. Das für die Hausaufführung des Mäzens eingerichtete Orchester ist mit 36 Spielern klein besetzt – erstaunlich, wie es in manchen Aufführungen trotzdem gelingt, zu lärmen, wo doch kammermusikalische Feinheit walten sollte!

Das zuletzt – sozusagen als Nachspiel – entstandene, kurzweilige Vorspiel begründet die folgende Operncollage sehr plausibel. Allein wäre die Opera seria zu kitschig, die Opera buffa zu albern, aber als stilistisches Konglomerat neutralisieren sich beide Teilstücke zu einer anspruchsvollen und entzückenden Semiseria.

UA Wien 1916

Richard Strauss

ARABELLA

Vier seufzende Einleitungstakte, nervös (Flötenfiguren), bedrückt (Akzente), deprimiert (fast nur Moll-Klänge) prägen die Stimmung: Die Eheleute Waldner (Rittmeister a. D.) stecken in Schulden. Einziger Ausweg: eine reiche Heirat der älteren Tochter Arabella. Die jüngere Zdenka lässt man, *weil sie wild war wie ein Bub,* als Groom Zdenko mitlaufen – hier tickt eine seelische Zeitbombe. Arabella wird von vielen Herren umschwärmt, auch von Matteo, einem jungen Offizier, *aber der Richtige, wenn's einen gibt für mich auf dieser Welt,* ist nicht dabei. Zdenko – oder Zdenka – mag Matteo, und weil sie ihm ihre geliebte Schwester wünscht, steckt sie ihm unter Arabellas Namen Liebesbriefe zu ... In seiner Geldnot hat Waldner seinem alten Regimentskameraden Mandryka geschrieben und – nur so – ein Foto *von der Bella* beigelegt. Als sich ein Herr von Mandryka anmeldet, ist er überrascht, dass ein Fremder hereintritt. Dieser stellt sich als Neffe – und Erbe – des verstorbenen Adressaten vor. Er hat das Foto gefunden: *Wer das Gesicht gesehen hat, und tritt nicht als Bewerber auf, verdient nicht, dass ihn Gott auf dieser schönen Erde leben lässt ...* Waldner ist begeistert, besonders, als ihm Mandryka spontan mit seiner prallen Geldbörse aus der Patsche hilft: *Teschek, bedien dich!*

Am Abend auf dem Ball lernen sich Mandryka und Arabella kennen. Er erzählt ihr von einem alten Brauch in seiner ungarischen Heimat: Als Zeichen der Verlobung bringt das Mädchen dem Freund ein Glas frisches Brunnenwasser. Dann gibt Mandryka Arabella für den Ball frei, denn sie will *Abschied nehmen von der Jugendzeit.* Plötzlich bekommt er mit, wie ein junger Herr einem Offizier etwas zusteckt: *der Schlüssel zu Arabellas Zimmer*

... sie kommt in einer Viertelstunde ... Nun lernen wir einen anderen Herrn von Mandryka kennen: Wie ein Bär brüllt er auf! Es kommt zu heftigen Auseinandersetzungen, erst mit Arabella, die nichts ahnend vom Ball heimkommt, dann mit ihrem gekränkten Vater, Pistolen werden geordert ... da erscheint oben auf der Treppe Zdenka im Negligé: *Papa! Mama!* Sie fällt Arabella in den Arm und haucht: *Matteo!* Mandryka begreift die Situation und spielt Brautwerber für Matteo bei Waldner, der ist gerührt. Dann bleibt Mandryka allein in der dunklen Halle zurück: *Was ist verdient in dieser Welt? Stockprügel sind verdient für einen Kerl wie mich!* Da erscheint oben auf der Treppe Arabella, in der Hand ein Glas Wasser ...

Arabella wird durch ein aufsteigendes, vitales Walzerthema und durch ein absteigendes, elegisches Thema charakterisiert, Zdenka durch ein hohes, exaltiert-synkopisches Thema. Mandryka *bringt seine eigene Lebensluft mit*: ernste, feierliche und volksliedhafte Motive. Strauss und Hofmannsthal achteten bei *Arabella* darauf, Fehler des *Rosenkavalier* zu vermeiden: keine Mundart (wegen der ausländischen Sänger) und eine sympathische männliche Hauptfigur. Als Mandryka von seiner verstorbenen Frau spricht, spüren wir, dass er seine Zukünftige auf Händen tragen wird.

Musik ist immer ein Akt der Liebe. Wenn aber Komponisten versuchen, den Liebesakt musikalisch zu schildern, wird es leicht – nun ja ... Das *stürmisch bewegte* E-Dur-Zwischenspiel zum Schlussbild – Matteo und Zdenka in Arabellas dunklem Zimmer – ist für den Bühnenbildumbau notwendig (und entsprechend lang und laut), aber als äußerer Höhepunkt künstlerisch etwas – nun ja.

Intimer Höhepunkt ist das schlichte, einer südslavischen Volksweise nachgebildete Verlobungsduett von Arabella und Mandryka im Ballbild: *Und du wirst mein Gebieter sein, und ich dir untertan. Dein Haus wird mein Haus sein, in deinem Grab will ich mit dir begraben sein – so gebe ich mich dir auf Zeit und Ewigkeit.* Vielleicht waren dies Hofmannsthals letzte Verse – er starb während der Arbeit an *Arabella.*

UA Dresden 1933

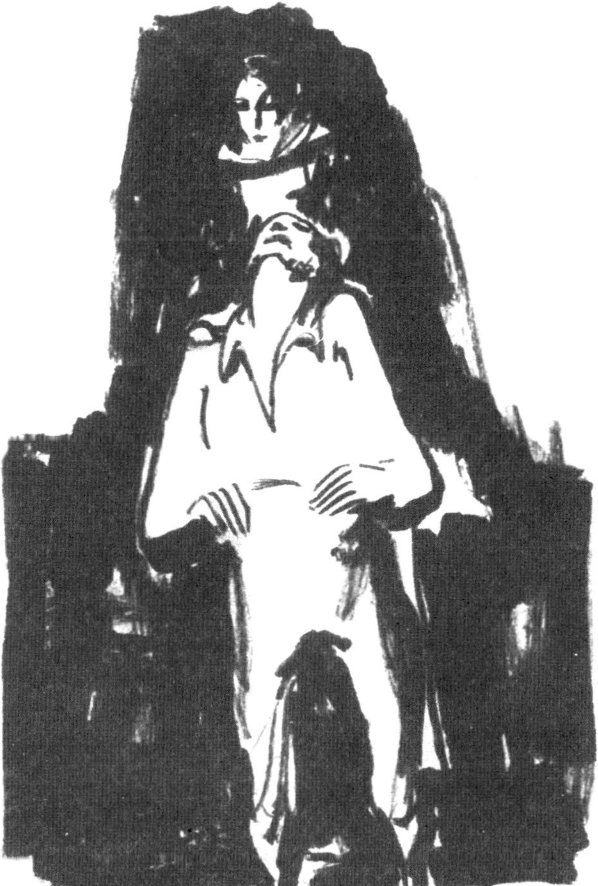

Richard Strauss

VIER LETZTE LIEDER

Bei *Orchesterliedern* denkt man an Berlioz (*Nuits d'été*), Mahler *(Lieder eines fahrenden Gesellen)* und Richard Strauss, der manche seiner Klavierlieder orchestrierte, um seine Frau Pauline d'Ahna auf Konzertreisen mitwirken zu lassen, der aber auch originale Lieder mit Orchester schrieb. Ein Orchesterlied ist indes keine Arie, bei der das Orchester und die Bühne aus einem Sänger eine Figur machen, vielmehr ist das Orchester hier Gast bei einer sublimen Begegnung von Wort und Ton im abstrakten Raum. Dynamische Diskretion bis zur Selbstaufgabe gilt als Gebot.

1945 wurden in Strauss' Villa in Garmisch Kriegsflüchtlinge einquartiert. Er selbst lebte in der Schweiz und kehrte erst 1949 zum Sterben zurück. Nach einer schweren Blasenoperation 1948 komponierte er auf Anregung seines Sohnes das Eichendorff-Gedicht *Im Abendrot* (6. Mai) und die drei Hesse-Gedichte *Frühling* (18. Juli), *Beim Schlafengehn* (4. August), *September* (10. September). *Im Abendrot* ist Ernst Roth, dem Leiter des Verlages Boosey & Hawkes, gewidmet. Dieser erfand den Titel *Vier letzte Lieder* und gab ihnen in der posthumen Erstausgabe (1950) die heute übliche Reihenfolge: *Frühling / September / Beim Schlafengehn / Im Abendrot.* Denkbar ist aber auch: *Beim Schlafengehn / Frühling / September / Im Abendrot* – hier bilden die Abendlieder eine Klammer um die Jahreszeitenlieder, oder: *Frühling* (C) / *Beim Schlafengehn* (Des) / *September* (D) / *Im Abendrot* (Es) – hier ergibt sich eine natürliche Steigerung durch die Tonartenfolge. *Im Abendrot* ist in jedem Fall der Abschluss – der des kleinen Zyklus – und der des großen Lebenswerkes von Richard Strauss.

Der Orchestersatz – mit ineinander verflochtenen Bläserlinien und vielfach geteilten Streichern – klingt samtweich und trägt die Sopranstimme auf Händen. Hesses Worte prägen die Klangfarben: *Frühling* – zu Beginn klingt es *dämmerig*, ab dem Wort *Du* scheint alles *von Licht übergossen. Beim Schlafengehn* – zu Beginn klingt es *müde*, nach dem Wort *Schlummer* entschwebt die Seele *unbewacht* in einem zarten Violinsolo. *September* – zu Beginn *tropft* der Klang *golden*, ab dem Wort *langsam* gerinnt die Musik. *Im Abendrot* – über einem glühenden Es-Dur-Klangball wölbt sich zwanzig *Andante*-Takte lang in vollendetem *Legato* (ohne hörbare Bogenwechsel) eine Abendhimmelmelodie. Eichendorffs Verse sind einfach und ergreifend, das innigste Wort darin ist *etwa* (mit Betonung der zweiten Silbe) in der Frage *Ist dies etwa der Tod?* Es klingt wie *endlich* – und das gelöste Nachspiel gibt dem Hörer Zeit, diese tiefe Wahrheit nachzufühlen, bis am Schluss die beiden Lerchen (Flötentriller) ihn lächelnd aufwachen lassen.

Vier letzte Lieder sind der Traum jeder lyrischen Sopranistin. Beherrschte Atemführung, absolute Textverständlichkeit bei gedehnten Phrasen und in jeder Lage, perfekte Intonation und warme Tongebung – die höchste Kunst italienischer und deutscher Gesangstradition ist hier gefordert.

Der greise Richard Strauss empfand beim Schreiben das Glück, zu wissen, wie Pauline früher seine Lieder gesungen hätte; ich erlebte das Glück, mit meiner Frau Frauke Wehrmann diese Lieder aufführen zu dürfen – wir sind Strauss dankbar für sein wunderbares Abschiedsgeschenk.

UA London 1950

IGOR STRAWINSKY

DER FEUERVOGEL

Orchestersuite (1919)

Das Beben dumpfer Schritte eines Unsichtbaren im nächtlichen Wunderbaumgarten (Celli und Bässe *legato*, letztere zur Hälfte *pizzicato)* – sind es die tastenden Krallenfüße des Feuervogels, die schleichenden Schritte des Prinzen Iwan Zarewitsch, der ihn fangen will, oder sind es die nahenden Dämonen des Höllenfürsten Kastchei, der den Prinzen töten will?

Auf jeden Fall weiß man als Dirigent wieder, warum im Studium das Schlagen des langsamen 12/8-Taktes geübt wurde: *runter-und-und, links-und-und, rechts-und-und, mitte-und-rauf*!

Die Reduktion des aufwendigen, einstündigen Balletts in eine brillant-schlanke, zwanzigminütige Konzertsuite – mit neuem, leichtem orchestralen Gewand (und kühlem Klavierklang) sowie mit elegant-kurzen Überleitungen zwischen den Sätzen – ist perfekt gelungen.

Mehr als tausendmal hätte er die Feuervogel-Suite dirigiert, bekannte Strawinsky – ein Komponist lebt zwar *für* sein Werk, aber er muss auch *von* etwas leben!

Die Handlung ist in der Suite unterbrochen, doch anhand der musikalischen Charaktere wird sie leicht erkennbar: der Feuervogel – mit kollerndem Grollen (Holzbläser, Trompeten) und irisierendem Gefieder (*flageolett-glissandi* der Streicher) erkauft sich seine Freilassung, indem er dem Prinzen eine Zauberfeder schenkt und ihm das Geheimnis von Kastcheis Kraft verrät. Die von Kastchei gefangenen, schlafwandelnden Prinzessinnen (Oboesolo mit Harfe) tanzen um den Wunderbaum. Als der Prinz zwischen ihnen Marja Zarewna erblickt, ist es um ihn geschehen (das liebevollste Fagottsolo der Musik in der *Berceuse!*). Mithilfe der Feuervogelfeder besiegt er Kastchei, der ihm mit seinen Dämonen (mit Holzschlägeln traktierte Pauken, synkopisch lechzende Posaunen und Trompeten) zähnefletschend und hohnlachend (Xylofon) entgegentritt. Dann geht die Sonne auf (Hornsolo), und wenn sie nicht gestorben sind ...

Beim Feuervogeltanz tanzen auch die Geigenbögen! Mit raffinierten und technisch ausgeklügelten Orchestereffekten versucht der junge Strawinsky, seinen verehrten Lehrer Rimski-Korsakow zu überholen – und überholt Ravel gleich mit. Der Prinzessinnenreigen könnte von Debussy sein, doch Strawinskys härterer Ton ist nicht der des *fin de siècle*, sondern der des neuen Jahrhunderts.

Die grandiose Schlusskadenz – lauter *querständige* Dur-Akkorde *(mit verbotenen chromatischen Entwicklungsschritten zwischen sich)* – scheint vor Kraft die Welt aus den Angeln heben zu wollen. Strawinskys Entwicklungsschritte vom *Feuervogel* über *Petruschka* bis zu *Le Sacre du Printemps* – binnen drei Jahren! – hoben die musikalische Welt aus den Angeln: Er war ein querständiger Feuervogelkopf!

UA Paris (Ballett) 1910, (Suite) 1919

Igor Strawinsky

LE SACRE DU PRINTEMPS

Die drei Ballette für Sergei Djagilew und sein Pariser Ballet Russe, durch die Strawinsky berühmt wurde, lassen sich am einfachsten mit den Begriffen der damaligen Malerei charakterisieren: *Der Feuervogel (1910)* ist noch naturalistisch und schon impressionistisch, *Petruschka (1911)* ist noch realistisch und schon surrealistisch, *Le Sacre du Printemps (1913)* ist noch kubistisch und schon abstrakt. Strawinsky ist der Picasso der Musik, er war ähnlich neugierig und wandlungsfähig.

Die Uraufführung als Ballett löste einen ungeheuren Skandal aus – etwas Besseres kann sich ein Komponist gar nicht wünschen! Die konzertante Erstaufführung ein Jahr später weckte stürmische Begeisterung – damit war *das Frühlingsopfer* durchgesetzt.

Die Musik ist ohne Handlung; wo sie Szenisches andeutet, verfremdet sie es kubistisch. *Der Tanz der Erwählten* – weder mädchenhaft noch psychologisch aufgebaut – ist von abstrakter, aber mörderischer Dramatik. Die Tänzer brauchen die tausend Taktwechsel der Partitur nicht zu kennen (Tänzer zählen immer bis acht), aber die chaotischen Energien der Musik fahren ihnen in den Körper und lösen faszinierende Bewegungen aus. Mit *Le Sacre du Printemps* hat Strawinsky dem Ballett neue künstlerische Welten eröffnet.

Das heidnisch-russische Frühlingsopfer ist Strawinskys eigene Erfindung. Und so läuft es ab:

Erster Teil: *Die Anbetung der Erde.* Ein Volkslied (Fagottsolo) löst Palaver und Zwitschern aus. Während die Auguren das Ritual vorbereiten, tanzen die Mädchen voll Erwartung, wer von ihnen erwählt wird. Man vollführt Raubspiele, Frühlingsreigen und Rivalenkämpfe, bis die Weisen erscheinen. Der älteste Weise eröffnet mit vier Stockschlägen das Ritual – alle verneigen sich vor der Erde.

Zweiter Teil: *Das Opfer.* Die Mädchen bilden einen Zauberkreis, bis die Erwählte feststeht. Dann wird diese geschmückt und verherrlicht. Man bittet die Ahnen um ihren Segen. Die Weisen segnen den Kreis, und in ihm tanzt die Erwählte den Frühlingsopfertanz – bis sie tot umfällt.

Es ist eine Freude, diese fantastische Partitur zu dirigieren, zu hören, zu lesen und zu spielen. Sie kann durchsichtig klingen – wie beim Palaver und Zwitschern zu Beginn, und sie kann klotzen – wie beim Tanz der Erwählten. Jedes Instrument und jede Gruppe werden extrem gefordert. Den atemberaubenden Schluss bildet eine wilde Folge von unregelmäßigen Taktwechseln, nur die Pauke schlägt mit herausfordernder Regelmäßigkeit dagegen an – hier darf der Dirigent nicht hinhören, sonst fällt er um wie die Erwählte!

UA Paris 1913

Peter (Pjotr) Iljitsch Tschaikowsky

KLAVIERKONZERT B-MOLL

Jeder im Publikum erschrickt bei dem dreimaligen absteigenden *fortissimo* Hörnermotiv – ein Schicksalsmotiv mit gesenktem Daumen –, aber das eigentliche Drama spielt sich in den dadurch ausgelösten modulierenden Akkorden des Orchestertutti ab: Jemand stemmt sich mit aller Kraft gegen das *b-Moll*-Höllentor, dabei erst das tiefe *As*, dann das tiefe *G* als harmonischen Hebel gebrauchend – das Tor gibt nach, und unerwartet öffnet sich das *Des-Dur*-Paradies ... harfenartige Klavierklänge und eine Melodie, so sanft und selig wie ein Kindheitstraum, umfangen uns.

Diese geniale Anfangsvision des *b-Moll*-Klavierkonzerts ist von einer Dichte und Spannung, die durchzuhalten nicht menschenmöglich scheint. Der vierundreißigjährige Tschaikowsky ahnte dies – in der letzten, bleich resignierenden Klavierpassage der *Allegro-maestoso*-Einleitung (ursprünglich treffender *Andante maestoso* genannt) kommt diese Einsicht bekenntnishaft zum Ausdruck.

War die *Des-Dur*-Einleitung ein Kindheitstraum, so ist der *b-Moll-Allegro-con-spirito*-Hauptsatz die Hölle des Erwachsenseins. Um sie zu ertragen, legt sich das Ego den Habit eines Zynikers zu: Tschaikowsky zerschlägt die Melodie eines russischen Volksliedes in metallische Einzelglieder (zuckende Oktavtriolen) und fügt daraus ein gepanzertes Hauptthema. Und dann sind sie doch unverhofft wieder da, die beiden modulierenden Akkorde, die in der Einleitung das Tor zum Paradies öffneten: Das lyrische Seitenthema schwingt sich mit ihnen in den Himmel der Erinnerung – und möchte ihn nie wieder verlassen.

Der zweite Satz *Andantino simplice* stellt dem komplexen ersten Satz einen extremen Kontrast gegenüber. Er ist durchgehend *piano* gehalten (bis auf einen Akzent im Orchester und die davon aufgerüttelte Klavierkadenz) und ungreifbar in seinem schwebenden Ausdruck. Das *Andantino* darf nicht sentimental schleppen, und das intermezzoartige *Prestissimo* (ursprünglich treffender *Allegro vivace assai* genannt) darf nicht hasten, damit das Ohr die schnellen Harmoniewechsel erfassen kann. Im *Prestissimo* wird ein französisches Volkslied zitiert, das Peter Iljitsch und sein Bruder Modest als Kinder sangen und tanzten: *il faut s'amuser, danser et rire.*

Das *Allegro-vivace*-Finale ist aus einem ukrainischen Tanz hervorgegangen. Dieser besteht in einer eintaktigen rhythmisch stampfenden Figur und lebt von abrupten Tempowechseln. Tschaikowskys Briefe und die widersprüchlichen Angaben in den Noten zeigen, dass über die Tempowechsel von Anfang an Unsicherheit herrschte. Grundsätzlich gilt: In einem Konzert gehen die Nuancen vom Solopart aus (nicht vom Orchester).

Als Tschaikowsky das Konzert seinem Lehrer und Mentor Nikolai Rubinstein vorspielte, zerriss dieser es in der Luft. Daraufhin schickte er es dem Dirigenten und Pianisten Hans von Bülow, der sich begeistert äußerte und das Konzert gleich auf seine Amerikareise mitnahm.

Das *b-Moll*-Klavierkonzert ist besser als sein Ruf, nur hat ein geschmackloser Aufführungsstil es in Verruf gebracht. Pianisten, die zeigen wollen, was sie können, sollten sich nicht daran vergreifen; ein Pianist, der zeigen will, wer er ist (ein nobler Interpret), sollte es mit Freude und zur Freude des Publikums spielen.

UA Boston 1875

Antonio Vivaldi

DIE VIER JAHRESZEITEN

Diese vier *Concerti con titoli* (Konzerte mit Programmen) entstammen der Sammlung *Il cimento dell' armonia e dell'inventione (Der Wettstreit zwischen Klang und Geist)*. Dabei geht es um den Wettstreit zwischen Musik und Dichtung, denn jedem der dreisätzigen Violinkonzerte ist ein Sonett vorangestellt, das in der Musik klangmalerisch ausgedeutet wird. Um der Chancengleichheit willen sollte man die Sonette vor den Konzerten sprechen: erst auf Italienisch, dann auf Deutsch. Als Dichter der Sonette gilt Vivaldi selbst.

Das Sonett ist eine alte Gedichtkunstform: Zwei vierzeilige Strophen (Quartette) und zwei dreizeilige (Terzette) bilden den Rahmen. In den Quartetten herrscht Ruhe und Entspannung, in den Terzetten, deren Reime oft verschränkt sind (sodass man auch von einem Sextett sprechen könnte), entstehen Bewegung und Spannung. Erster und unerreichter Meister des Sonetts war der italienische Renaissancedichter Francesco Petrarca, aber jeder Dichtende glaubt irgendwann, Sonette schreiben zu sollen – in diesem Sinne bitten auch meine Übersetzungen um Nachsicht.

Vor den italienischen Sonettzeilen stehen manchmal Buchstaben (A, B, C ...), diese – und einzelne Worte wie *Ubriachi (Betrunkene)* – tauchen auch in den Noten der Musiker auf. Ich habe meinerseits in den Übersetzungen einige Buchstaben für das Publikum angegeben – falls man parallel zur Musik die Sonette lesen möchte. Zwar brauchen weder die Musiker noch das Publikum diese Fingerzeige, aber es ist sehr anmutig, wenn in *La prima-*

vera (Der Frühling) zu Beginn des zweiten Satzes in der Violastimme steht: *Il cane che grida (der bellende Hund)* – dadurch inspiriert, werden die Violaspieler das kleine Motiv als *wau, wau!* entsprechend gestalten.

Erstdruck Amsterdam 1725, erste datierte Aufführung Paris 1728

La Primavera / Der Frühling

A *Frühling ist gekommen. Schon begrüßen*
fröhlich alle Vögel ihn mit hellen
B *Stimmen. Zärtlich in des Zephyrs süßen*
Atem murmeln silbern schon die Quellen.

Wenn den Himmel schwarze Wolken decken,
Blitz und Donner daraus niederfahren,
schweigen alle Vögel vor Erschrecken,
bis die Sonne wieder lacht am klaren

C *Himmel. Auf dem lichten Wiesenraine,*
in der Blüten lieblichem Gewimmel
D *schläft der Schäfer. Doch sein Hund wacht. Leise*

E *hört man eines Dudelsackes Weise:*
Hirt und Nymphe tanzen im Vereine
unter leuchtend blauem Frühlingshimmel.

A: Erster Satz B: Zephyr: lauer Wind C: Zweiter Satz
D: Die Viola klingt wie „wau wau!“ E: Dritter Satz Pastorale

L'Estate / Der Sommer

A *Während in der heißen Glut der Sonne*
Mensch und Vieh nur Qualen leiden,
ruft im Wald der Kuckuck voller Wonne,
singen Fink und Stieglitz nur von Freuden.

B *Zephyr säuselt. Doch auf einmal blasen*
C *Winde kalt dich an aus hohem Norden.*
Schäfer bangt: Den Herden ist das Rasen
der Natur oft zum Geschick geworden.

D *Nachts der Müde keine Ruhe findet,*
sei's aus Furcht vor des Gewitters Tücken,
sei's der Plage wegen mit den Mücken.

E *Ach, die Sorge ist nur zu begründet:*
Dürre, Hagel, Blitz und Sturm vernichten
Halm und Frucht. Was kann der Mensch da richten?

A: Erster Satz B: piano -Triolen C: forte-Skalen D: Zweiter Satz ruheloser Orchesterpart E: Dritter Satz Blitz und Sturm

L'Autunno / Der Herbst

A *Die Bauern feiern fröhlich Erntedank*
mit derbem Tanz und schallendem Gesang,
und haben sie genug vom süßen Wein,
B *so schlummern auf der Bank sie einfach ein.*

Zu Ende geht nun bald die Zeit
der unbeschwerten Ausgelassenheit;
des Herbstes ruhigerer Teil beginnt,
C *in dem man nichts tut oder sinnt und spinnt.*

D *Das Tagesgrauen sieht die Jäger bald:*
Mit Hörnern und mit Flinten geht's zum Wald.
Das Wild entflieht, doch man verfolgt die Spur,

erschreckt vom Ruf der Hörner, und vom Schuss
E *der Flinten schon verwundet, bleibt ihm nur*
die Flucht, die doch im Tode enden muss.

A: Erster Satz B: einschlummernde Nachschläge C: Zweiter Satz D: Dritter Satz E langsame, verendende Kadenz

L'Inverno / Der Winter

A *Schneebedeckt der Wintermorgen graut;*
B *eisig kalt der Wind vorüberfegt:*
Wärme sucht, was überhaupt sich regt;
Zähne klappern, Hacken schlagen laut.

C *Alles um den warmen Ofen hockt,*
vor dem Fenster die verschneite Welt.
Zwar der See zum Schlittschuhlaufen lockt,
doch man weiß nicht, ob das Eis schon hält.

D *Man probiert es, stolpert und rutscht aus,*
krachend bricht das Eis, und will's das Pech,
humpelt nass und frierend man nach Haus.

E *Im Kaminrohr tobt Boreas frech*
mit Schirocco – Frühling ist noch weit.
Das sind Freud und Leid der Winterzeit.

A: Erster Satz klirrende Triller und ponticello-Effekte B: wildes Solo C: Zweiter Satz D: Dritter Satz tastendes Solo E: Boreas und Schirocco: kalte, tobende Winde.

„...UND DAS GANZE ORCHESTER STIMMT BEGEISTERT EIN."

Präludien fürs Publikum – Band I

99 Konzert- und Opernneinführungen in aller Kürze

Spannend und auf den Punkt führt concerti-Autor Mathias Husmann schlaglichtartig durch große Opern und symphonische Werke.

Hardcover, 230 Seiten mit Illustrationen und Zeichnungen.

€ 14,90 (D) • **ISBN: 978-3-9818481-0-6**

„Hier schreibt einer mit fachkundiger Kompetenz über das, was wir im Gesamteindruck „Klassik" nennen. Und seine Liebe und Anerkennung sprechen praktisch aus jeder Zeile."
Das Orchester

„Die Auswahl der Werke ist Mathias Husmann, Dirigent und Komponist, nicht leicht gefallen, doch darf sie als gelungen bezeichnet werden, auch deswegen, weil der Autor aus seiner Erfahrung als Interpret (...) seine ganz eigene Sicht und Präsentationsweise einbringt."
Das Opernglas

„Insgesamt 99 wichtige Werke des Repertoires wie etwa alle Sinfonien von Beethoven, Schumann, Brahms und Sibelius sowie zentrale Solokonzerte sind enthalten. Außerdem werden Bühnenwerke wie „Don Giovanni", „Carmen", „Salome", „Aida" und Wagners „Ring" in überschaubaren Kapiteln verständlich vorgestellt. Die einzelnen Beispiele werden im Gesamtrepertoire eingeordnet, Husmann trifft aber auch wohlabgewogene und doch tiefgreifende eigene Deutungen und Bewertungen."
Südwestpresse

MATHIAS HUSMANN

Präludien fürs Publikum

99 Konzert- und Operneinführungen in aller Kürze

concerti